Inhaltsverzeichnis

Mit dem vorliegenden Arbeitsheft werden Aufgaben angeboten, zu deren Lösung der Einsatz eines Taschencomputers sinnvoll ist. Diese sind so gestaltet, dass sie unabhängig vom eingesetzten Gerät bearbeitet werden können.
Das Arbeitsheft kann unabhängig von dem im Unterricht verwendeten Lehrwerk eingesetzt werden. Es stellt eine Ergänzung zum Lehrbuch dar und soll dieses und den Unterricht nicht ersetzen.
Ein umfangreiches Aufgabenangebot steht vor allem für die Themen zur Verfügung, für die sich der Gebrauch eines CAS (Computer Algebra Systems) oder die Grafikfähigkeit des Taschencomputers besonders anbietet. Viele Beispiele bieten die Möglichkeit, sich über die eigentliche Problemstellung hinaus mathematischen Fragen zu widmen, zu deren Beantwortung häufig auch der Taschencomputer sehr hilfreich ist. Das CAS wird als Werkzeug zur Problemlösung verstanden, das mathematische Gedankengänge unterstützt, diese aber nicht ersetzt.

Jedes Kapitel beginnt mit einem Arbeitsauftrag, der zu ausgewählten Inhalten und unter Verwendung des Taschencomputers zum Thema führt.
Bei den Arbeitsaufträgen befindet sich ein roter Kasten, dessen Inhalt die Funktion eines sogenannten „Advance Organizer" übernimmt.

In den roten Kästen wird eine Vorschau auf die zu erlernenden Inhalte gegeben. Damit soll eine optimale Einbettung des Wissens in bereits bestehende Strukturen ermöglicht werden. Außerdem wird aufgezeigt, wie das CAS in diesem Abschnitt zum Einsatz kommt.

Zu Beginn dieses Heftes (Seite 3) werden anhand eines Arbeitsauftrages einige ausgewählte Funktionen des Taschencomputers aufgezeigt. Auf den darauf folgenden zwei Seiten (4 und 5) findet sich eine individuell zu erstellende Bedienungsanleitung, die sogenannte „How-to"-Übersicht. In diese können nach und nach die erlernten Befehle und Vorgehensweisen eingetragen werden, sodass sich ein persönliches Nachschlagewerk für den eigenen Taschencomputer ergibt.

Befindet sich das links gezeigte Symbol am Rand im Arbeitsheft, so soll man sich im Rahmen der Aufgabe mit einem neuen Befehl oder einer neuen Vorgehensweise vertraut machen. Diese sollte anschließend in der „How-to"-Übersicht auf den Seiten 4 und 5 ergänzt werden. Somit ist immer ersichtlich, was schon behandelt wurde und damit beherrscht werden sollte.

Selbsttest

Die meisten Kapitel werden mit einem Selbsttest abgeschlossen, in dem die wesentlichen Inhalte des Abschnitts anhand von Aufgaben wiederholt werden. Sie können zur Vorbereitung auf Tests dienen, streben aber nicht das Niveau von Schulaufgaben an.

Sämtliche Lösungen stehen für unterschiedliche Gerätetypen unter www.ccbuchner.de zum Download bereit (Eingabe „8252" im Suchfeld).

Arbeitsauftrag

In diesem Arbeitsauftrag lernen Sie anhand einer Beispielaufgabe die grundlegenden Befehle und die Bedienung eines CAS kennen. Sie können danach Funktionsgraphen plotten, Wertetabellen erstellen, Terme vereinfachen und umformen und Gleichungen lösen.

Gegeben sind die Funktionen f: $f(x) = \frac{1}{2}(x - 2)^2 + 3$; $D_f = \mathbb{R}$ und g: $g(x) = 2(x - 2)(x + 1)$; $D_g = \mathbb{R}$.

a) Plotten Sie die Funktionsgraphen von f und g mit Ihrem CAS, füllen Sie die Wertetabelle aus und zeichnen Sie die Graphen in das Koordinatensystem ein.

x	f(x)	g(x)	

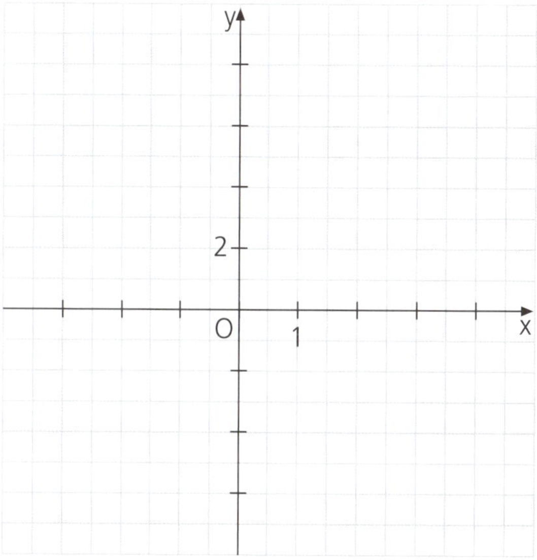

b) Betrachten Sie nun die Funktion h: $h(x) = f(x) - g(x)$; $D_h = \mathbb{R}$.
Zeigen Sie, dass sich der Funktionsterm von h in der Form $-\frac{3}{2}x^2 - 4x + 17$ darstellen lässt, und ergänzen Sie die Funktionswerte von h in der vierten Spalte der Wertetabelle.

c) Geben Sie die Funktionsterme in den verschiedenen Darstellungen an.

	Scheitelform	Nullstellenform	Normalform
f(x)	$\frac{1}{2}(x - 2)^2 + 3$		
g(x)		$2(x - 2)(x + 1)$	
h(x)			$-\frac{3}{2}x^2 - 4x + 17$

d) Zeichnen Sie den Graphen von h in obiges Koordinatensystem ein.
Welche Bedeutung haben die Nullstellen von h in Bezug auf die Funktionen f und g?

e) Berechnen Sie die Koordinaten der Schnittpunkte.

Folgende CAS-Vorgehensweisen sind in diesem Arbeitsauftrag integriert:

1. Funktionsgraph plotten und Wertemenge erstellen
2. Term vereinfachen
3. Term ausmultiplizieren bzw. faktorisieren

Ergänzen Sie damit die „How-to"-Übersicht auf den Seiten 4 und 5.

How to ...

In diese Übersicht werden Sie nach und nach die für Sie wichtigsten Befehle und Vorgehensweisen für die Bedienung Ihres CAS eintragen. Damit können Sie, wenn Sie eine Aufgabe bearbeiten, hier nachschlagen und schnell auf Bekanntes zurückgreifen.

Das will ich erreichen	So funktioniert das mit meinem CAS	Beispiel	Seite
Gleichung lösen	*Befehl: solve*	*solve* $(x^3 - 3 = 0)$ $x = \sqrt[3]{3}$	3
Term vereinfachen	*Befehl: simplify*	*simplify* $(3a^2 + 18a - 7a^2)$ $-4a^2 + 18a$	3

Das will ich erreichen	So funktioniert das mit meinem CAS	Beispiel	Seite

Arbeitsaufträge

In diesen Arbeitsaufträgen lernen Sie als weiteres Winkelmaß das Bogenmaß kennen sowie dessen Umwandlung ins Gradmaß und umgekehrt. Sie werden mit dem CAS Funktionsterme definieren und anschließend für mehrere Argumente auswerten. Außerdem hilft Ihnen das CAS beim Aufstellen von Termen zu Kreisteilen und beim Lösen von Gleichungen.

1. Das Bogenmaß

Die Größe von Winkeln wird in verschiedenen Einheiten gemessen. Übliche Einheiten sind das Grad- und das Bogenmaß.

Winkel im Gradmaß	10°	45°			300°	
Winkel im Bogenmaß	$\frac{\pi}{18}$	$\frac{\pi}{4}$	$\frac{\pi}{8}$	$\frac{7\pi}{12}$		3,257

a) Berechnen Sie die fehlenden Werte in der Tabelle.

b) Wie Sie sicherlich in a) bemerkt haben, wurde der „gleiche" Rechenweg immer wiederholt. In solchen Situationen kann es günstig sein, einen Funktionsterm zu definieren und diesen mehrfach auszuwerten.

Funktion definieren

i) Definieren Sie die beiden Funktionsterme f(x) und g(x), wobei f(x) die Umrechnung vom Grad- ins Bogenmaß und g(x) die Umrechnung vom Bogen- ins Gradmaß beschreibt.

ii) Berechnen Sie wie bei a) die fehlenden Werte mit den definierten Funktionstermen.

2. Kreisteile

Gleichung lösen

Der dargestellte Kreissektor mit dem Radius a hat denselben Flächeninhalt wie das rechtwinklige Dreieck. Berechnen Sie die Größe seines Mittelpunktswinkels φ.

Formulieren Sie dazu eine Gleichung, die das Problem beschreibt, und lösen Sie diese mithilfe Ihres CAS-Rechners.

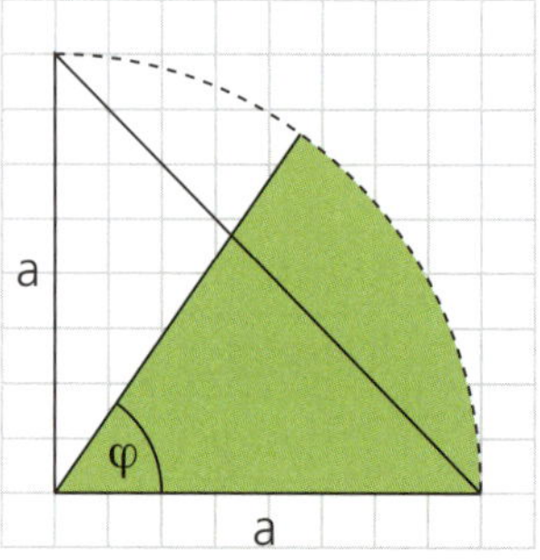

Aufgaben

1. Mondbahn

Der Mond umkreist die Erde auf einer annähernd kreisförmigen Umlaufbahn in einer Entfernung von ca. 384 400 km (große Halbachse) in 27,3 Tagen. Bestimmen Sie die Länge der Bahnkurve nach 1 min, 1 h, 1 Tag, 1 Monat und x Tagen.

2. Wankelmotor

Neben den heute üblichen Verbrennungsmotoren wurde im Jahr 1957 ein weiteres Motorenkonzept entwickelt, welches unter dem Namen *Wankelmotor* bekannt wurde. In diesem Motor dreht sich ein Rotationskolben wie in der Abbildung schematisch dargestellt.

Hinweis: Der Inkreismittelpunkt fällt im gleichseitigen Dreieck mit dem Schwerpunkt zusammen. Dieser teilt die Schwerlinien oder Seitenhalbierenden (Strecke von einer Seitenmitte zur gegenüberliegenden Ecke) im Verhältnis 2 : 1.

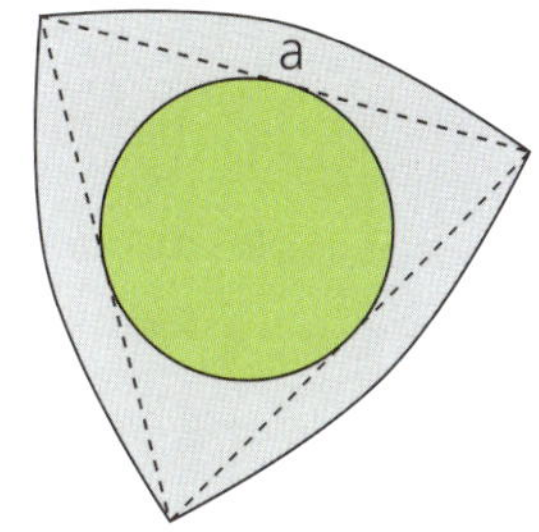

a) Zeigen Sie, dass der Radius der inneren Welle (grüner Kreis) $\frac{\sqrt{3}}{6}$ a beträgt.

b) Berechnen Sie die Querschnittsfläche des grauen Rotationskolbens.

c) Bestimmen Sie das Verhältnis der Fläche der inneren Welle zur Querschnittsfläche.

3. Schraubenmutter

Für die abgebildete Schraubenmutter findet sich folgende technische Zeichnung:

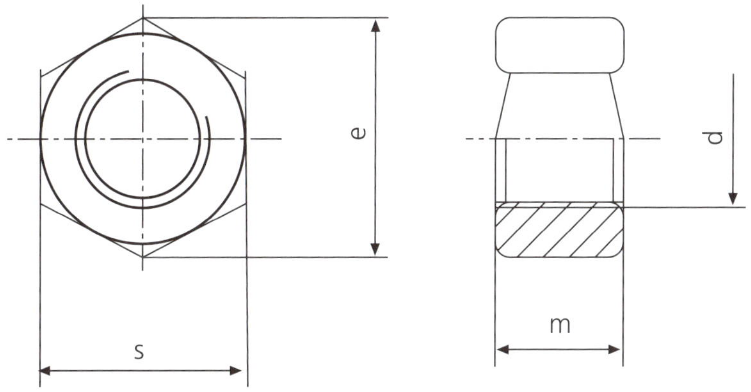

a) Überlegen Sie, wie die beiden Größen s und e zusammenhängen. Stellen Sie dazu einen Term auf, der e in Abhängigkeit von s angibt.

b) Bestimmen Sie einen Funktionsterm der Querschnittsfläche für die Draufsicht (linke Zeichnung) in Abhängigkeit von der Größe s und dem Innendurchmesser d.

c) Die Dichte von Stahl beträgt 7,85 $\frac{g}{cm^3}$. Berechnen Sie die Masse der Schraubenmuttern für folgende Abmessungen (Vernachlässigen Sie bei der Rechnung das Gewinde!):

	M6	**M8**	**M12**	**M20**
Sechskantschlüsselweite s	10 mm	13 mm	19 mm	30 mm
Kerndurchmesser d	4,77 mm	6,57 mm	9,85 mm	16,93 mm
Mutterdicke m	4 mm	5 mm	9 mm	14 mm

4. Rotationskörper

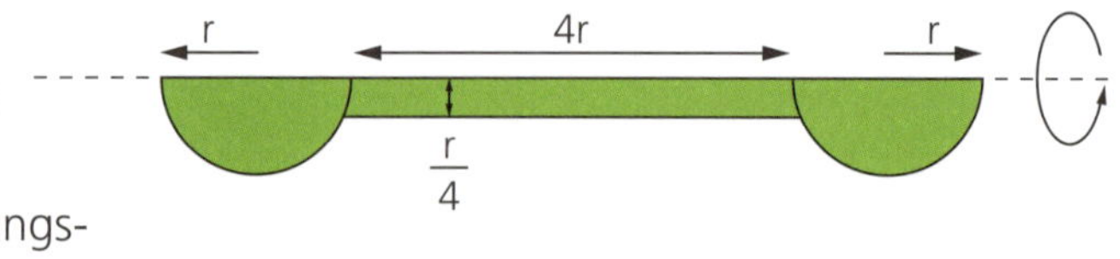

Die dargestellte Fläche rotiert um die gestrichelte Achse; es entsteht das Bild einer Hantel.

Hinweis: Nehmen Sie im Folgenden die Verbindungsfläche zwischen den beiden Halbkreisen als rechteckig an.

a) Geben Sie einen Term für das Volumen der Hantel an.

b) Bestimmen Sie r so, dass die Stahlhantel (Dichte von Stahl $7{,}85\ \frac{g}{cm^3}$) eine Masse von 5 kg hat.

5. Hohlkugel, Seifenblasenvolumen

a) Seifenblasen sind Hohlkugeln. Zeigen Sie, dass das Seifenvolumen einer Hohlkugel (Wandstärke d) mit dem Außenradius r durch folgenden Term berechnet werden kann:
$V(r, d) = \frac{4}{3}\pi\,(3r^2d - 3rd^2 + d^3)$.

b) Die Seifenblase hat einen Radius von r = 5,5 cm. Berechnen Sie das Volumen für folgende Wandstärken d:
0,01 cm; 0,001 cm; 0,00001 cm.
Beschreiben Sie, wie sich die Ergebnisse verändern.

c) Geht man davon aus, dass die Wandstärke d einer Seifenblase sehr dünn ist, so kann man den Term näherungsweise vereinfachen: $V(r, d) \approx 4\pi r^2 d$.
Argumentieren Sie ausgehend vom Term aus Teilaufgabe a), warum dies eine vergleichsweise gute Näherung der Kugeloberfläche darstellt.

6. Solarkonstante

Im Inneren der Sonne wird durch Kernfusion Energie freigesetzt, die von der Photosphäre abgestrahlt wird. Bei einem mittleren Abstand Erde–Sonne von $1{,}496 \cdot 10^{11}$ m, der *astronomischen Einheit* (kurz: 1 AE), trifft von der Sonne eine Strahlungsintensität von 1 367 W pro m^2 auf die Erde. Diesen Wert bezeichnet man auch als *Solarkonstante* ($S = 1\,367\ \frac{W}{m^2}$).

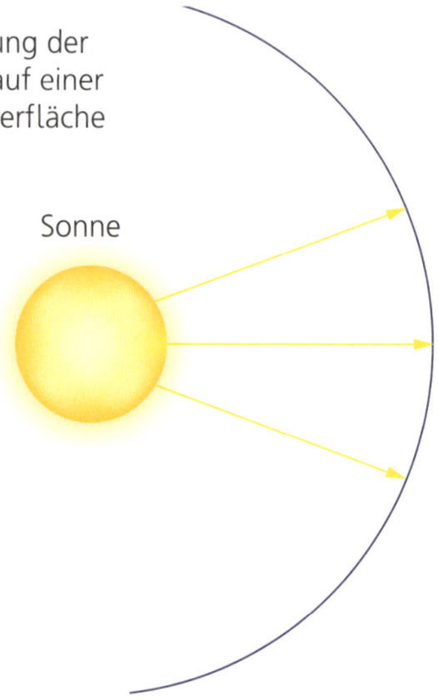

a) Berechnen Sie die gesamte Strahlungsleistung, die die Sonne erzeugt, wenn auf der Erde die oben beschriebene Solarkonstante gilt.

b) Beteigeuze ist ein Riesenstern im Sternbild des Orion. Seine Strahlungsleistung ist um den Faktor 55 000 größer als die der Sonne, wobei seine Strahlungsintensität auf der Erde $0{,}8 \cdot 10^{-7}\ \frac{W}{m^2}$ beträgt.
Bestimmen Sie den Abstand der Beteigeuze von der Erde.

7. Bestimmung der Kreiszahl π

Für die Approximation von π kann ein CAS sehr hilfreich sein. Stellen Sie verschiedene Verfahren zusammen und geben Sie an, wie ein CAS zur Lösung sinnvoll eingesetzt werden kann.

1. Mandala

Der Radius des äußeren Kreises ist R. Die vier kongruenten grünen Kreise berühren sich jeweils gegenseitig in einem Punkt.
Berechnen Sie deren Radius r und den Flächenanteil der vier grünen Kreise am gesamten Kreis.

2. Herzfigur

Bestimmen Sie den Flächeninhalt und den Umfang der Figur in Abhängigkeit von a.
Die Kreisbögen haben ihren Mittelpunkt bei H, E, R und Z.

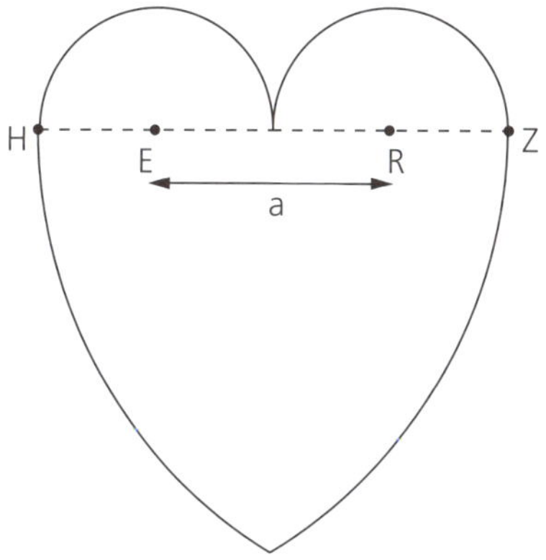

3. Heißluftballon

Die Hülle eines Heißluftballons kann als Halbkugel mit dem Radius r und einem Kegel der Höhe $h = \frac{5}{4}r$ unterhalb der Halbkugel angenommen werden.

Bei den Startvorbereitungen wird der Ballon mit 13 000 m^3 heißer Luft aufgeblasen. Berechnen Sie den Radius r und die Höhe des Ballonkörpers über dem Passagierkorb.

Arbeitsauftrag

In diesem Arbeitsauftrag werden Sie feststellen, dass sich Sinus- und Kosinuswerte auf Winkelargumente größer als 90° erweitern lassen. Sie werden Listen als effizientes Werkzeug kennen lernen, um damit eine Vielzahl von Funktionswerten in einem Schritt zu berechnen. Außerdem werden Sie lernen, wie man Wertepaare, die man aus den Elementen zweier Listen erhält, als Punkte in einem Koordinatensystem darstellt.

Der Einheitskreis und die Sinusfunktion

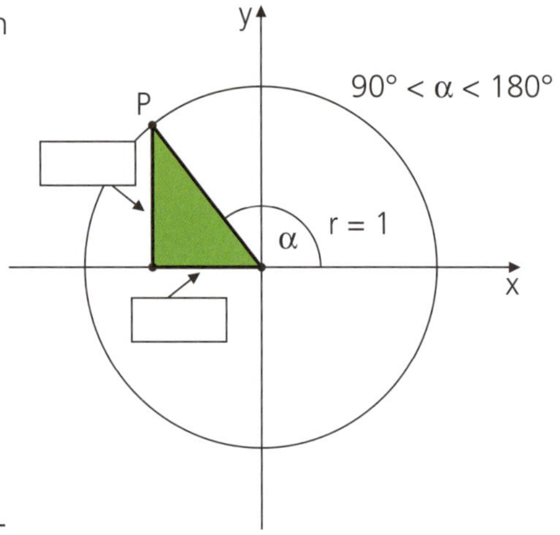

a) Das nebenstehenden Bild zeigt einen Einheitskreis, also einen Kreis mit Radius r = 1. Der Mittelpunkt, der Punkt P auf der Kreislinie und dessen senkrechte Projektion auf die x-Achse bilden ein rechtwinkliges Dreieck.
Geben Sie die Längen der Katheten in Abhängigkeit von der Größe des Winkels α an.

Liste erstellen

b) Erstellen Sie mit dem CAS eine Liste von Winkelwerten zwischen 0° und 360° in 30°-Schritten und wandeln Sie diese Liste in eine Liste im Bogenmaß x um.

c) Berechnen Sie die entsprechenden Sinuswerte und erstellen Sie damit eine Liste y.

Punkte darstellen

d) Fasst man die Liste des Bogenmaßes x und die Liste der zugehörigen Werte des Sinus y als x- und y-Koordinaten von Punkten auf, so kann man sie in ein Koordinatensystem eintragen.
Übertragen Sie dazu einige Punkte in die Wertetabelle und stellen Sie alle Punkte mit Ihrem CAS dar.

x				
y				

e) Übertragen Sie die Nullstellen und die Extrempunkte in folgendes Koordinatensystem und ergänzen Sie die Sinuskurve.

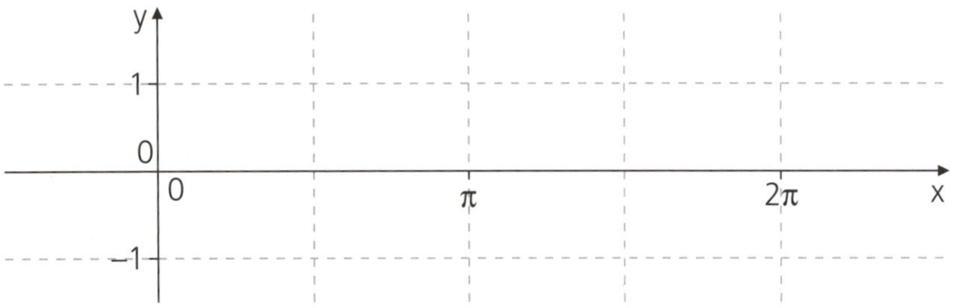

f) Ändern Sie die Winkelliste aus Teilaufgabe b) so ab, dass Winkelwerte zwischen 0° und 720° erzeugt werden. Zeichnen Sie damit ein Punktdiagramm der Sinuskurve.

Aufgaben

1. Die Kosinusfunktion

a) Verfahren Sie analog zum Punktdiagramm der Sinuskurve, um eine Kosinuskurve zu erstellen (siehe Arbeitsauftrag).

b) Beschreiben Sie detailliert die Unterschiede und die Gemeinsamkeiten der beiden Kurven und diskutieren Sie diese mit Ihrem Nachbarn oder Ihrer Nachbarin.

2. Gleichungen

Geben Sie alle x-Werte im Intervall $[-2\pi; 2\pi]$ an, die die folgenden Gleichungen lösen.
Untersuchen Sie die Aufgabenstellung mit verschiedenen Lösungsverfahren (z. B. algebraischer Lösungsbefehl, graphische Lösungsmethode).

a) $\sin x = 0$

b) $\cos x = 1$

c) $\sin x = -1$

d) $\cos x = 0{,}5$

e) $\sin x = \frac{1}{2}\sqrt{2}$

3. Symmetrie

a) Untersuchen Sie die Sinus- und die Kosinuskurve auf Symmetrie bezüglich des Koordinatensystems.

b) Ergänzen Sie – passend zur festgestellten Symmetrie – die fehlende Seite der Gleichung:

i) $\sin(-x) =$ ______________________

ii) $\cos(-x) =$ ______________________

4. Zusammengesetzte Funktionen I

$f(x) = \sin x - \cos x,\ x \in \mathbb{R}$, $g(x) = \sin x + \cos x,\ x \in \mathbb{R}$

a) Zeichnen Sie die Graphen der Funktionen f und g mit einem Funktionsplotter. Geben Sie damit deren Periode p und die Wertemenge W an.

b) Bestimmen Sie die Schnittstellen der beiden Graphen G_f und G_g im Intervall $[0; 2\pi]$ auf 2 Dezimalen genau.

5. Zusammengesetzte Funktionen II

$f(x) = \sin x \cdot \cos x,\ x \in \mathbb{R}$

a) Untersuchen Sie anhand des Graphen der Funktion f die Periode p und die Symmetrie bezüglich des Koordinatensystems.

b) Geben Sie die Nullstellen der Funktion f an.

c) Die Funktion g wird wie folgt definiert: $g(x) = [f(x)]^2,\ x \in \mathbb{R}$.
Was kann man über die Periode p, die Symmetrie und die Nullstellen der Funktion g aussagen?

Arbeitsauftrag

In diesem Abschnitt werden Sie typische Vertreter der allgemeinen Sinus- und Kosinusfunktion graphisch mit Ihrem CAS darstellen. Dabei lernen Sie den Einfluss der verschiedenen Parameter auf den Funktionsgraph kennen.

Die allgemeine Sinusfunktion

Parameter

Die allgemeine Sinusfunktion wird durch folgenden Funktionsterm $f(x) = a \cdot \sin(b \cdot (x - c)) + d$, $D_f = \mathbb{R}$, mit $a, b \in \mathbb{R}\backslash\{0\}$ und $c, d \in \mathbb{R}$ beschrieben.
Um den Einfluss der einzelnen Parameter zu verstehen, definiert man je eine Funktion, die den Parameter enthält, und zeichnet dazu typische Vertreter der Funktionsgraphen.
Informieren Sie sich z. B. in der Anleitung Ihres CAS-Rechners, wie Sie schrittweise den Parameter im Funktionsterm ändern können, um dessen Auswirkung auf den Graphen sichtbar zu machen.

a) Untersuchen Sie die Funktionsschar $f(x) = a \cdot \sin x$, $D_f = \mathbb{R}$, und beschreiben Sie die Auswirkung des Parameters a auf den Graphen.

b) Untersuchen Sie die Funktionsschar $f(x) = \sin(b \cdot x)$, $D_f = \mathbb{R}$, und beschreiben Sie die Auswirkung des Parameters b auf den Graphen.

c) Untersuchen Sie die Funktionsschar $f(x) = \sin(x - c)$, $D_f = \mathbb{R}$, und beschreiben Sie die Auswirkung des Parameters c auf den Graphen.

d) Untersuchen Sie die Funktionsschar $f(x) = \sin x + d$, $D_f = \mathbb{R}$, und beschreiben Sie die Auswirkung des Parameters d auf den Graphen.

Aufgaben

1. Trigonometrische Funktionen

Zeichnen Sie den Graphen der Funktion f mit $D_f = \mathbb{R}$ im Bereich $[-3\pi;\ \pi]$ und geben Sie die wesentlichen Eigenschaften (Periode, Amplitude, Verschiebungen bezüglich der Sinusfunktion) an.

a) $f(x) = 4 \cdot \sin\left(x - \frac{\pi}{2}\right) + 1$

b) $f(x) = \sin(2x + \pi)$

c) $f(x) = \sin\left(\frac{1}{2}x + \frac{\pi}{2}\right) - 1$

d) $f(x) = -2 \cdot \cos\left(\frac{3}{2}x\right)$

2. Funktionsplotter

Geben Sie die neu entstandene Funktionsgleichung an und überprüfen Sie das Ergebnis mithilfe eines Funktionsplotters,

a) wenn der Graph der Funktion $y = \sin(x) + 1$ um $\frac{\pi}{4}$ nach links verschoben wird.

b) wenn der Graph der Funktion $y = 3\sin(x - \pi) + 1$ um $\frac{\pi}{3}$ nach rechts und um 3 Einheiten nach unten verschoben wird.

c) wenn der Graph der Funktion $y = 1{,}5\sin(2x + \pi) - 3$ in x-Richtung um den Faktor 2 gestreckt wird.

3. Trigonometrische Gleichungen

a) Geben Sie die Lösungen der Gleichung $\cos x = \frac{1}{2}\sqrt{2}$ für $x \in [-2\pi;\ 2\pi]$ an.

b) Wie viele Lösungen hat die Gleichung $\cos(3x) = \frac{1}{2}\sqrt{2}$ für $x \in [-2\pi;\ 2\pi]$?
Begründen Sie Ihre Antwort.

4. Ebbe und Flut

Der Gezeitenverlauf kann für eine Woche gut durch eine Sinusfunktion beschrieben werden. Rund um das Bassin d'Arcachon (französische Atlantikküste) gilt für den Wasserspiegel h die Funktion
$h(t) = 4 - 1{,}5 \cdot \sin\left(\frac{\pi}{12{,}5}t\right)$; t in Stunden nach Mitternacht.

a) Im Bassin d'Arcachon können ab einem Wasserstand von 3,5 m Austern trockenen Fußes abgeerntet werden. Berechnen Sie den ersten Zeitpunkt, an dem dies möglich ist.

b) Wie hoch ist der Wasserspiegel bei Ebbe? Wann tritt dieser in den ersten 24 Stunden ein?

c) Bestimmen Sie den Höhenunterschied zwischen Ebbe und Flut.

d) Skizzieren Sie den Graphen für die ersten 24 Stunden.

e) Um in den Hafen von Arcachon einzulaufen, benötigt ein Fischerboot mindestens 5 m Wassertiefe. Bestimmen Sie ein für die Einfahrt eines Fischerboots in den Hafen geeignetes Zeitfenster.

5. Funktionsgraphen

Ermitteln Sie die Funktionsgleichungen der dargestellten Graphen und kontrollieren Sie diese mit einem Funktionsplotter.

a)

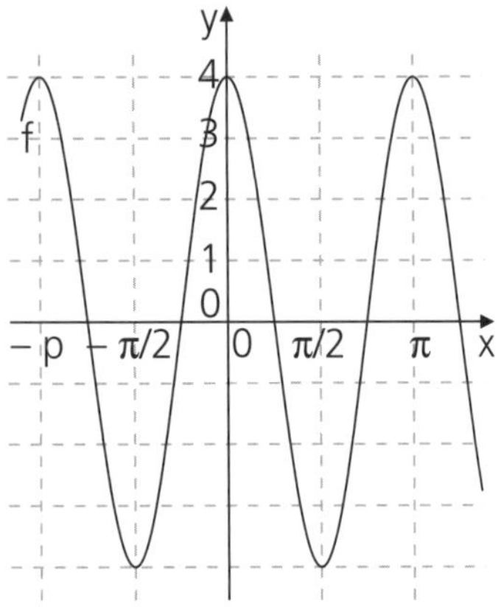

b)

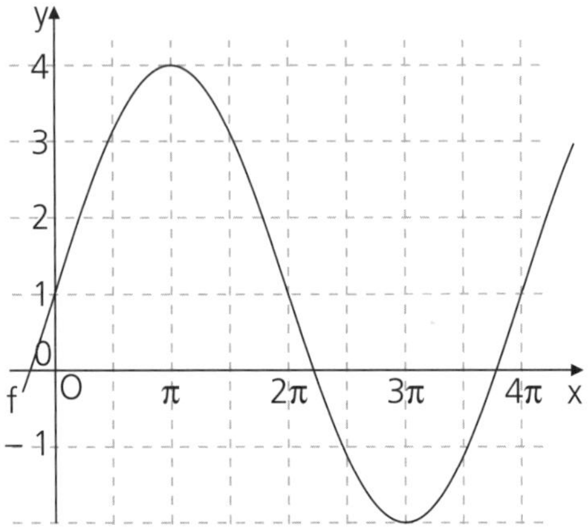

6. Sonnenaufgang und Sonnenuntergang

Im Rahmen eines Projekts wird von einer Schülergruppe untersucht, ob Sonnenaufgang und Sonnenuntergang einer periodischen Gesetzmäßigkeit folgen. Dazu werden von April bis August wöchentlich die Daten aus der Tageszeitung und anderen Quellen entnommen (siehe Tabelle).

a) Beschreiben Sie die Funktion des Sonnenaufgangs. Stellen Sie dazu eine Funktionsgleichung auf. (Informieren Sie sich dazu über die Möglichkeiten der trigonometrischen Regression Ihres CAS.)

b) Welchen Sonnenaufgang kann man für den 30. 9. vorhersagen?

c) Untersuchen Sie den Funktionsverlauf und bestimmen Sie den kürzesten Tag des Jahres. Vergleichen Sie Ihr Ergebnis mit dem astronomisch bestimmten kürzesten Tag (Wintersonnenwende am 21. 12.) und bewerten Sie die Qualität der Regression.

Datum	Aufgang	Untergang	Datum	Aufgang	Untergang
02.04.10	07:01:00	20:07:00	18.06.10	05:09:00	21:55:00
09.04.10	06:45:00	20:19:00	25.06.10	05:10:00	21:56:00
16.04.10	06:30:00	20:31:00	02.07.10	05:15:00	21:54:00
23.04.10	06:15:00	20:43:00	09.07.10	05:21:00	21:50:00
30.04.10	06:01:00	20:55:00	16.07.10	05:29:00	21:44:00
07.05.10	05:48:00	21:06:00	23.07.10	05:39:00	21:35:00
14.05.10	05:36:00	21:17:00	30.07.10	05:49:00	21:25:00
21.05.10	05:26:00	21:28:00	06.08.10	06:00:00	21:13:00
28.05.10	05:18:00	21:37:00	13.08.10	06:11:00	21:00:00
04.06.10	05:13:00	21:45:00	20.08.10	06:23:00	20:45:00
11.06.10	05:09:00	21:51:00	27.08.10	06:34:00	20:30:00

1. Wasserspiegel

Der Wasserspiegel an der Mündung eines Flusses ins Meer wird stündlich (angefangen um Mitternacht) gemessen und in ein Diagramm eingetragen.

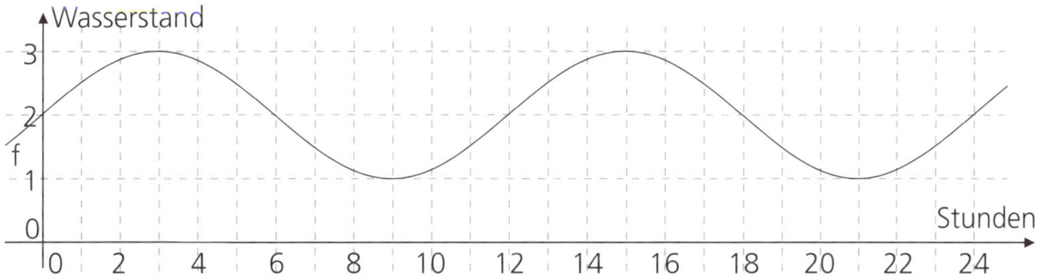

a) Geben Sie die Amplitude und die Periode an.

b) Bestimmen Sie graphisch den maximalen und den minimalen Wasserstand.

c) Zu welchen Zeiten erreicht der Wasserpegel sein Maximum im dargestellten Bereich?

d) Bestimmen Sie die Parameter der Funktion $f(x) = A \cdot \sin(a \cdot x) + b$.

e) Ermitteln Sie die Zeitpunkte, an denen der Wasserpegel bei 1,5 m liegt.

2. Weihnachtsbaum

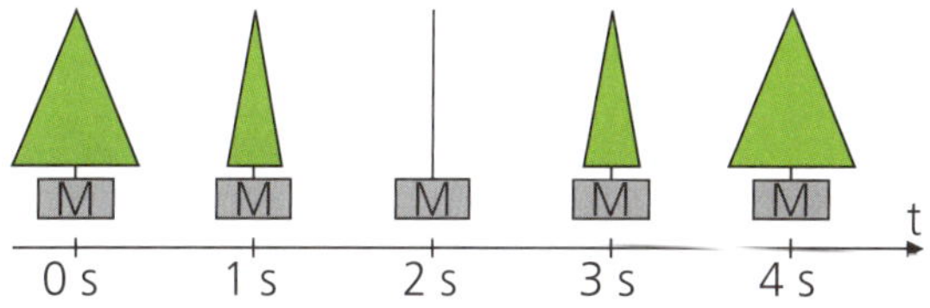

Zu Dekorationszwecken montiert ein Modellbauer auf die Achse eines Elektromotors (M) ein gleichschenkliges Dreieck, das einen Weihnachtsbaum darstellen soll (mit der Grundlinie g = 4,8 cm und der Höhe h = 6,4 cm). Er stellt den Regler des Motors so ein, dass der Baum mit einer konstanten Drehgeschwindigkeit von $\omega = 45° \, \frac{1}{s}$ bzw. im Bogenmaß $\omega = \frac{\pi}{4} \, \frac{1}{s}$ rotiert. Dabei ergibt sich für das Dreieck der Winkel φ in Abhängigkeit von t gemäß $\varphi = \omega \cdot t$.
Eine Kamera nimmt die abgebildeten Ansichten auf. Auf diesen kann man beobachten, dass sich der Querschnitt der Dreiecksfläche A(t) verändert. Beschreiben Sie den Funktionsterm A(t) und skizzieren Sie den Funktionsgraphen.

3. Landeanflug

Ein Verkehrsflugzeug fliegt in 10 000 m Höhe den Zielflughafen München (Höhe 448 m) an. Zur Landung verringert es seine Flughöhe auf den letzten 50 km wie im Diagramm beschrieben.
(Höhenmesser zeigen in der Regel die Höhe über dem Meeresspiegel an.)

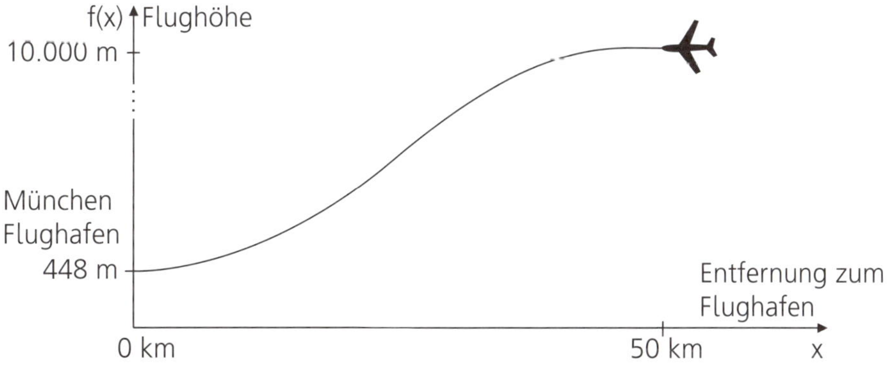

a) Das Flugzeug sinkt 50 km vor dem Flughafen stetig ohne seine Richtung zu ändern. Bestimmen Sie die Parameter folgender Funktionsgleichung: $f(x) = a \cdot \cos(bx + c) + d$, $D_f = \mathbb{R}$.

b) Geben Sie die Höhe des Flugzeugs in 10 km Entfernung vom Flughafen an.

Arbeitsauftrag

In diesem Abschnitt lernen Sie einen neuen Funktionstyp kennen, den der Exponentialfunktion. Bei dieser steht die Variable x im Exponenten. Das CAS hilft Ihnen dabei, die komplexen Rechnungen schneller auszuführen und die Ergebnisse graphisch darzustellen.

Bei einer Spielshow im Fernsehen werden dem Sieger als Hautgewinn drei Gewinnvarianten angeboten:

(I)
Zwei Jahre lang jeden Monat 2500 €

(II)
1000 € mit monatlichen Zinsen von 20% über eine Laufzeit von 24 Monaten

(III)
Zwei Jahre lang jeden Monat einen steigenden Geldbetrag: im ersten Monat 250 €, im zweiten Monat 500 €, im dritten Monat 750 € usw.

a) Entscheiden Sie sich zunächst ohne Rechnung für eine der drei Varianten.

b) Ergänzen Sie in der Tabelle für jede Gewinnvariante die Entwicklung des Preisgeldes.

Monat	1	2	3	4	5	6	7	8
(I)								
(II)								
(III)								
Monat	9	10	11	12	13	14	15	16
(I)								
(II)								
(III)								
Monat	17	18	19	20	21	22	23	24
(I)								
(II)								
(III)								

c) Stellen Sie die jeweiligen Gewinnverläufe mit Ihrem CAS graphisch dar und skizzieren Sie diese in das unten stehende Koordinatensystem (x: Monat; y: Preisgeld). Für welche Variante würden Sie sich jetzt entscheiden?

d) Geben Sie unter Verwendung Ihres CAS für jede Variante eine Funktionsgleichung an, die es erlaubt, für jeden beliebigen Zeitraum x den Geldbetrag zu berechnen.

Funktionsterm:

(I) ______________________________

(II) ______________________________

(III) ______________________________

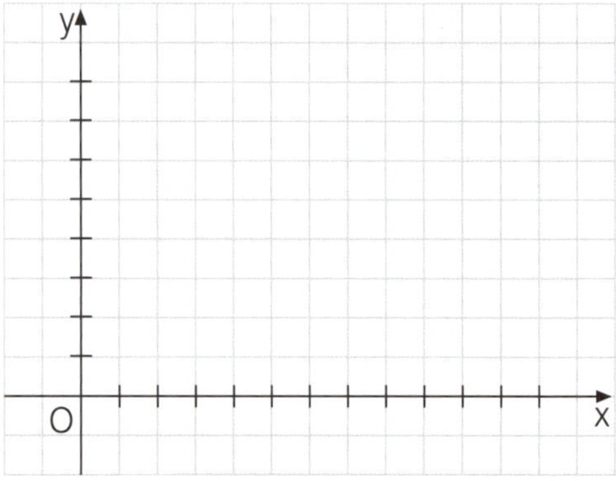

e) Bestimmen Sie jeweils, nach welcher Zeitspanne das Kapital mehr als 100 000 € beträgt.

Aufgaben

1. Angebotsmodelle

Franz möchte sich zu seinem 18. Geburtstag ein Auto kaufen. Um es finanzieren zu können, legen ihm seine Eltern an seinem 16. Geburtstag zwei Finanzierungsmodelle vor:

(I) Er erhält an seinem 16. Geburtstag 100 € und jeden Monat 5 € mehr, also einen Monat später 105 €, wieder einen Monat später 110 € und so weiter bis zum 18. Geburtstag.

(II) Franz bekommt zu seinem 16. Geburtstag 1 € und monatlich bis zu seinem 18. Geburtstag jeweils das 1,4-Fache mehr, nach einem Monat also 1,40 €, wieder einen Monat später 1,96 € usw.

Beraten Sie Franz, für welches Angebot er sich entscheiden sollte.

a) Erstellen Sie mit Ihrem CAS für beide Varianten eine Tabelle über das für Franz monatlich zur Verfügung stehende Kapital bis zu seinem 18. Geburtstag. Welche Endsumme ist jeweils zu erwarten?

b) Stellen Sie die jeweilige Kapitalentwicklung auch graphisch dar.

c) Wie entwickeln sich die monatlichen Ausgaben der Eltern in beiden Modellen? Erstellen Sie hierzu ebenfalls Tabellen und lassen Sie diese mit Ihrem CAS graphisch darstellen. Welche Funktionstypen liegen vor?

2. Abhängigkeit des Luftdrucks von der Höhe

Der mittlere Luftdruck der Atmosphäre auf Meereshöhe beträgt bei normalen Wetterverhältnissen etwa 1013 hPa. Nach jeweils 5,5 km Höhe ist er auf die Hälfte abgesunken. Beim Einsatz von Stratosphärenballons spielt dies eine große Rolle. Sie erreichen eine Höhe von fast 40 km, wo sie zur Untersuchung hoher Luftschichten und zur Wetterforschung eingesetzt werden.

a) Erstellen Sie mit Ihrem CAS eine Kurve, welche die Abhängigkeit des Luftdrucks von der Höhe wiedergibt. Welcher Funktionsterm gehört zu dieser Kurve?

b) Wie groß ist der Luftdruck auf dem Gipfel der Zugspitze (2 962 m), des Großglockners (3 797 m), des Matterhorns (4 478 m) und des Mount Everest (8 848 m)?

3. Allgemeine Exponentialfunktion

Untersuchen Sie spezielle Eigenschaften der Exponentialfunktion $f_a(x) = a^x$; $a \in \mathbb{R}^+ \setminus \{1\}$; $D_{f_a} = \mathbb{R}$.

a) Zeichnen Sie die Graphen mehrerer Exponentialfunktionen mit unterschiedlichen Basen a.

b) Ermitteln Sie Schnittpunkte mit der y-Achse.

c) Beschreiben Sie das Verhalten der Graphen der Exponentialfunktion in der Nähe der x-Achse.

d) Geben Sie die Wertemenge der Exponentialfunktion an.

e) Beschreiben Sie das Steigungsverhalten der Exponentialfunktion in Abhängigkeit von a.

f) In welcher Beziehung stehen die Graphen der Funktionen $f_a(x) = a^x$ und $g_a(x) = \left(\frac{1}{a}\right)^x$ zueinander? Beweisen Sie Ihre Aussage allgemein.

4. Veränderungen des Funktionsterms der Exponentialfunktion

Beschreiben Sie, wie der Graph der angegebenen Funktion aus dem Graphen der Exponentialfunktion $y = 2^x$ mit $x \in \mathbb{R}$ hervorgeht. Kontrollieren Sie mithilfe Ihres CAS.

a) $f(x) = 2^x + 3$ b) $f(x) = 2^{x+3}$ c) $f(x) = 8 \cdot 2^x$ d) $f(x) = 2^{x-1}$ e) $f(x) = 2^{3x}$

Arbeitsauftrag

In diesem Abschnitt lernen Sie die Bedeutung des Logarithmus kennen. Logarithmen sind hilfreich, um Exponentialgleichungen, also Gleichungen, bei denen die gesuchte Variable im Exponenten steht, lösen zu können. Sie werden die Ausgaben des CAS beim Lösen von Exponentialgleichungen interpretieren können.

In der linken Spalte wird die Definition der Wurzel wiederholt. In der rechten Spalte wird analog dazu der Logarithmus festgelegt. Ergänzen Sie die Lücken der Tabelle.

Wurzel	Logarithmus
Gesucht ist eine Lösung der Gleichung $x^n = a$; $a \in \mathbb{R}_0^+$, $n \in \mathbb{N}\setminus\{1\}$, $x \in \mathbb{R}$.	Gesucht ist die Lösung der Gleichung $b^x = p$; $b \in \mathbb{R}^+\setminus\{1\}$, $p \in \mathbb{R}^+$, $x \in \mathbb{R}$.
Die positive Lösung dieser Gleichung nennt man „n-te Wurzel" und schreibt x = ________.	Die Lösung dieser Gleichung nennt man „Logarithmus von p zur Basis b" und schreibt $x = \log_b p$.
Beispiel 1: $x^5 = 10$; $G = \mathbb{R}$ $x = \sqrt[5]{10} \approx 1{,}58$	Beispiel 1: $5^x = 10$; $G = \mathbb{R}$ $x = \log_5 10 \approx 1{,}43$
Beispiel 2: $x^6 = 1$; $G = \mathbb{R}$ x = ____________________	Beispiel 2: $6^x = 1$; $G = \mathbb{R}$ x = ____________
Beispiel 3: $x^4 = 25$; $G = \mathbb{R}$ x = ____________________	Beispiel 3: $4^x = 512$; $G = \mathbb{R}$ x = ____________________________
Steht die Variable x als Basis, so hilft die Wurzel.	Steht die Variable x als ________________, so hilft der Logarithmus.

Logarithmus

Ergänzen Sie die Lücken auch in dieser Tabelle.
Verwenden Sie für die auf Tausendstel gerundeten Lösungen Ihren CAS-Rechner.

Exponentialgleichung	Lösung	Auf Tausendstel gerundete Lösung
$10^x = 730$		
	$x = \log_{20} 5$	
		x = 1 (exakte Lösung)
$\frac{1}{3} \cdot 5^{x-1} = 15$		

Aufgaben

1. Spezielle Logarithmen ($b \in \mathbb{R}^+$)

a) $\log_b b =$ ____________ b) $\log_b 1 =$ ____________ c) $\log_b b^x =$ ____________

d) $b^{(\log_b x)} =$ ____________ e) $\log_b \frac{1}{b} =$ ____________ f) $\log_{\frac{1}{b}} b =$ ____________

2. Graphische Lösung

Lösen Sie die Exponentialgleichung $\frac{1}{2} \cdot (1{,}5)^x = 5$; $x \in \mathbb{R}$ graphisch.

Überprüfen Sie Ihr Ergebnis mit dem CAS.

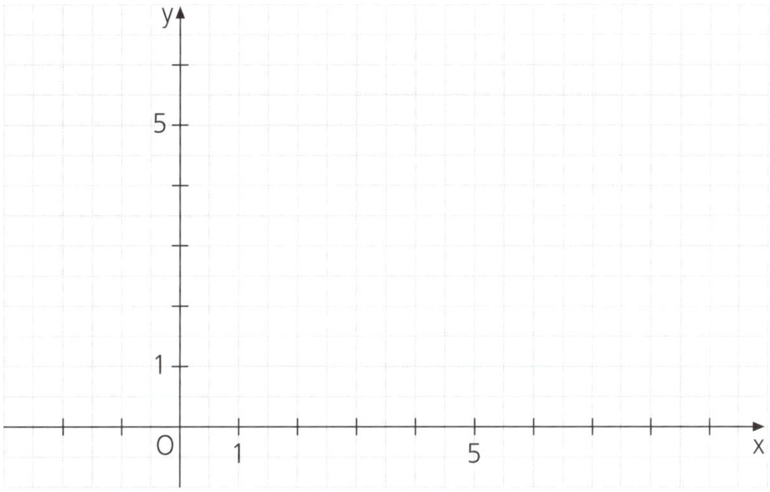

3. Rechengesetze mit Logarithmen

Lucas und Laura haben mehrere Vermutungen für Rechengesetze bei Logarithmen aufgestellt. Welche dieser Rechengesetze gelten allgemein für $a, b \in \mathbb{R}^+\backslash\{1\}$; $p, q \in \mathbb{R}^+$; $r \in \mathbb{R}$?

$\log_b pq = \log_b p + \log_b q$	$\log_b pq = \log_b p \cdot \log_b q$
$\log_b (p - q) = (\log_b p) : (\log_b q)$	$\log_b p - \log_b q = \log_b p : q$
$\log_b p^s = s \cdot \log_b p$	$s \cdot \log_b p = \log_b s \cdot p$
$\log_b p = \frac{\log_a b}{\log_a p}$	$\log_b p = \frac{\log_a p}{\log_a b}$

4. Natürlicher Logarithmus (ln)

Das CAS kennt und verwendet häufig den sogenannten natürlichen Logarithmus (ln), den Sie genauer in der 11. Klasse kennen lernen werden.

a) Ermitteln Sie mithilfe Ihres CAS-Rechners, von welcher Basis man beim natürlichen Logarithmus ausgeht.

b) Interpretieren Sie mithilfe von Aufgabe 3, welche Bedeutung folgende CAS-Ausgabe hat:

CAS-Eingabe: solve(3^x=5)	CAS-Ausgabe: $x = \frac{\ln 5}{\ln 3}$

5. Halbwertszeit

Bei exponentiellen Zerfallsprozessen nennt man die Zeitspanne, nach der sich der Bestand halbiert, Halbwertszeit. Bestimmen Sie die Halbwertszeit für folgende exponentielle Zerfälle.

a) Von einem eingenommenen Medikament werden pro Stunde 20% abgebaut.

b) Von einer radioaktiven Atomsorte sind 10^{24} Atome vorhanden. Nach 2 Tagen sind davon 10^5 Atome zerfallen.

c) Ein Laptop kostet 750 €. Ein halbes Jahr später ist er noch 500 € wert.

6. Abbau von Koffein im Blut

Ein Glas Eistee enthält 50 mg Koffein. Bei einem Jugendlichen steigt in der ersten Stunde nach Genuss des Tees der Koffeingehalt im Blut linear bis 50 mg an. Dann wird das Koffein mit einer Halbwertszeit von 3 Stunden abgebaut.

a) Zeichnen Sie den Graphen, der den Koffeingehalt im Blut in Abhängigkeit von der Zeit darstellt.

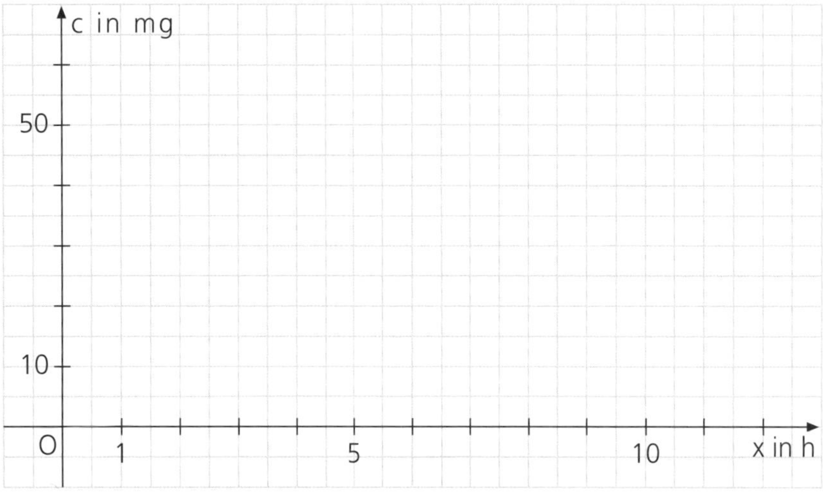

b) Berechnen Sie alle Zeitpunkte nach Genuss des Eistees, zu denen 1,0 mg Koffein im Blut vorhanden ist.

7. pH-Wert

Mit dem pH-Wert wird in der Chemie der Säuregehalt einer Lösung gemessen. Der Säuregehalt wird durch die Konzentration c der Oxoniumionen-H_3O^+ klassifiziert. Er ist folgendermaßen definiert:
$pH = -\log_{10} c(H_3O^+)$, wobei c die H_3O^+-Ionenkonzentration der Lösung in Mol pro Liter ist.

a) Ein pH-Wert von 7 ist neutral. Wie hoch ist demnach die Konzentration der H_3O^+-Ionen von reinem Wasser?

b) Welchen pH-Wert hat Essig mit einer H_3O^+-Ionenkonzentration von $1{,}6 \cdot 10^{-3}\,\frac{\text{mol}}{\text{l}}$?

c) Eine saure Flüssigkeit wird so verdünnt, dass sich die Konzentration der H_3O^+-Ionen halbiert. Wie ändert sich dadurch der pH-Wert?

8. Tuberkulosebakterien

In einem Labor soll die Zeit bestimmt werden, nach der sich die Anzahl von Tuberkulosebakterien verdoppelt.
Nach 48 Stunden hat sich die Anzahl der Bakterien verfünffacht. Bestimmen Sie daraus die Verdopplungszeit von Tuberkulosebakterien.

9. Sparwille

Herr Meier hat 20 000 € gespart, und Frau Huber hat 10 000 € zur Verfügung. Beide legen ihr Geld bei der Bank mit einem jährlichen Zinssatz von 3,8% an.

a) Wann hat sich bei Herrn Meier das Geld auf dem Konto verdoppelt, wann bei Frau Huber?

b) Beide möchten im Alter einmal 100 000 € zur Verfügung haben. Wie lange muss jeder von Ihnen warten?

c) Herr Meier möchte schon in 25 Jahren sein Sparziel von 100 000 € erreicht haben. Wie hoch müsste der Zinssatz sein?

d) Beantworten Sie obige Fragen, wenn die Anlagesumme 30 000 € bzw. 15 000 € beträgt.

10. Hungersnot

Auf einer entfernten eigenständigen Insel leben etwa 2,5 Millionen Menschen. Die Geburtenrate ist seit etlichen Jahren konstant: Auf 1 000 Einwohner kommen etwa 63 Geburten pro Jahr. Im Gegenzug sterben von 100 Einwohnern jedes Jahr drei. Auch diese Sterberate ist nahezu konstant.
Durch landwirtschaftliche Produktion können auf dieser Insel maximal vier Millionen Menschen ernährt werden. Wann brechen Hungersnöte aus?

11. Seerosen

Bei der Neugestaltung eines Stadtteiches (900 m^2) stehen zwei Seerosenarten zur Verfügung: Die Pflanze „Alpha" vermehrt sich täglich um 2%, und „Beta" wächst täglich um 3%. Zu Beginn bedeckt jede eine Fläche von einem Quadratdezimeter.

a) Wie lange würde es jeweils dauern, bis die Wasseroberfläche von Seerosenblättern vollständig bedeckt ist, falls nur eine Gattung eingesetzt wird?

b) Wenn der Teich bis zur Hälfte zugewachsen ist, sollte ein Teil der Pflanzen entfernt werden. Nach wie vielen Tagen hat dies jeweils zu erfolgen?

c) Nun entschließt man sich, beide Sorten in den Teich zu pflanzen. Beantworten Sie nun obige Aufgaben.

12. Einwohnerzahlen

a) Zwei Städte haben 50 000 bzw. 60 000 Einwohner. Die kleinere Stadt hat ein konstantes Bevölkerungswachstum von jährlich 4%, die größere von 3%. Wann haben beide Städte gleich viele Einwohner?

b) Welches Ergebnis erhält man, wenn man die Zuwachsraten vertauscht? Erklären Sie das Ergebnis.

13. Erdbeben

Die Stärke von Erdbeben wird mit der Richterskala gemessen. Folgende Tabelle stellt den Zusammenhang zwischen dem Wert auf der Richterskala und der gesamten freigesetzten Energie des Erdbebens dar:

Stärke auf der Richterskala	Gesamte freigesetzte Energie in Joule
1,0	$134{,}4 \cdot 10^{6}$
2,0	$4{,}2 \cdot 10^{9}$
3,0	$134{,}4 \cdot 10^{9}$
4,0	$4{,}2 \cdot 10^{12}$
5,0	$134{,}4 \cdot 10^{12}$
6,0	$4{,}2 \cdot 10^{15}$
7,0	$210 \cdot 10^{15}$

a) Stellen Sie einen Term zur Umrechnung auf. Was fällt Ihnen auf?

b) Informieren Sie sich im Internet über die Stärke von Erdbeben und berechnen Sie die entsprechend freigesetzte Energie.

c) Welchem Wert auf der Richterskala würde der jährliche Stromverbrauch in Deutschland entsprechen?

d) Als größte Energiequelle liefert die Sonne pro Jahr eine Energiemenge von etwa $3{,}9 \cdot 10^{24}$ J. Berechnen Sie den zugehörigen Wert auf der Richterskala.

14. Exponentialfunktion und Logarithmus

a) Leiten Sie aus der Gleichung $y = a \cdot b^x$ mithilfe der Rechengesetze für den Logarithmus folgenden Ausdruck her: $\lg y = \lg a + x \cdot \lg b$.
Auf diese Weise lässt sich der Graph einer Exponentialfunktion durch Datenpunke legen. Dieses Verfahren nennt man „logarithmische Auftragung".

b) Als Beispiel betrachten Sie die Absorption radioaktiver Strahlung in Materie. In nachfolgender Tabelle ist die Zählrate R radioaktiver Strahlung in Abhängigkeit von der Dicke d einer Aluminiumschicht erfasst:

Dicke d in mm	0	0,2	0,5	0,7	1,0	1,2	1,5	1,7	2,0
Zählrate R in 1/s	127,2	81,5	51,2	39,9	27,4	19,7	13,8	8,0	3,9

Lassen Sie sich die Datenpunkte in einem Diagramm anzeigen. Welcher Funktionstyp liegt hier vor? Geben Sie eine Funktionsvorschrift an.

c) Berechnen Sie für jede Dicke d jeweils lg R und tragen Sie diese Werte in einem Diagramm in Abhängigkeit von d ein. Welcher Funktionstyp lässt sich hier vermuten, wenn man Messungenauigkeiten berücksichtigt?

d) Bestimmen Sie mithilfe obiger Überlegungen die Parameter a und b der Exponentialfunktion und vergleichen Sie Ihr Ergebnis mit Teilaufgabe a).

1. Lineares und exponentielles Wachstum

Ein Funktionsgraph verläuft durch die Punkte (1 | 5) und (2 | 8).
Geben Sie einen Funktionsterm an, wenn bekannt ist, dass …

a) exponentielles Wachstum vorliegt. b) lineares Wachstum vorliegt.

2. Flummi-Sprünge

Ein Flummi-Ball wird aus 2,0 m Höhe auf einen Steinboden fallen gelassen. Er erreicht nach jedem Aufprall 80% der ursprünglichen Höhe.

a) Stellen Sie einen Funktionsterm auf, der die maximale Höhe beim x-ten Aufprall beschreibt.

b) Ab welchem Aufprall erreicht er nicht mehr die Höhe 1,0 m?

3. Logarithmusgleichung

Geben Sie an, für welche Werte von x die folgende Gleichung definiert ist und für welchen Wert von x die Gleichung gelöst wird: $\log_8 (x - 3) + \log_8 (x + 3) = 1$.

4. Alter einer Mumie

Durch den Zerfall von radioaktiven C-14-Atomen kann das Alter von organischen Funden bestimmt werden. Bei einer Mumie konnte man feststellen, dass 42,8% der ursprünglichen C-14-Atome zerfallen sind. Wie alt ist die Mumie, wenn die Halbwertszeit von C-14 bei $T_{\frac{1}{2}} = 5\,730$ a liegt?

5. Graphische Lösung einer Exponentialgleichung

Ermitteln Sie graphisch die Lösung der Exponentialgleichung $2 \cdot (1{,}25)^x = 3 \cdot (0{,}75)^x + 1$; $x \in \mathbb{R}$.

6. Fehlersuche

Geben Sie in diesen Umformungen jeweils an, welche Rechengesetze des Logarithmus angewendet wurden, und finden Sie den Fehler in den Umformungen.

$$3 \cdot \log_7 (7x^2) = \log_{10} (8) - \log_{10} x$$

$$\log_7 (7x^2)^3 = \log_{10} \left(\frac{8}{x}\right)$$

$$\log_7 (343x^6) = \frac{\log_7 \left(\frac{8}{x}\right)}{\log_7 10}$$

$$343x^6 = \frac{\frac{8}{x}}{10}$$

$$3\,430\,x^7 = 8$$

$$x = \sqrt[7]{\frac{4}{1\,715}}$$

7. Beweis oder Gegenbeispiel

Beweisen oder widerlegen Sie:

a) $\log_{b^4} a = \frac{1}{4} \cdot \log_b a$ b) Für alle Exponentialfunktionen f gilt, dass $\frac{f(x+1)}{f(x)}$ konstant ist.

8. Ungleichungen

Lösen Sie folgende Ungleichungen und geben Sie die Lösungsmenge in Intervallschreibweise an.

a) $3^x < 60$ b) $2^x \geqq 80$ c) $5^x \leqq 0{,}02$ d) $3{,}2^x > \frac{1}{3}$

Selbsttest

Arbeitsauftrag

Mit den Pfadregeln können Sie bereits die Wahrscheinlichkeiten von mehrstufigen Laplace-Experimenten bestimmen. In diesem Arbeitsauftrag werden Sie erkennen, dass sich die Wahrscheinlichkeiten von Ereignissen ändern können, sobald gewisse Vorinformationen gegeben werden. Der CAS-Rechner kann Ihnen dabei helfen, schnell Simulationen von Zufallsexperimenten durchzuführen.

Anita, Bernd, Chantal, Dominik und Erik spielen gemeinsam ein Spiel. Erik übernimmt dabei die Rolle der Bank und würfelt mit einem Laplace-Dodekaeder. Seine Mitspieler setzen jeweils einen ihrer Spielchips auf ein Feld des Spielbretts.

1	7	1 bis 6
2	8	7 bis 12
3	9	Primzahl
4	10	gerade
5	11	ungerade
6	12	zweistellig

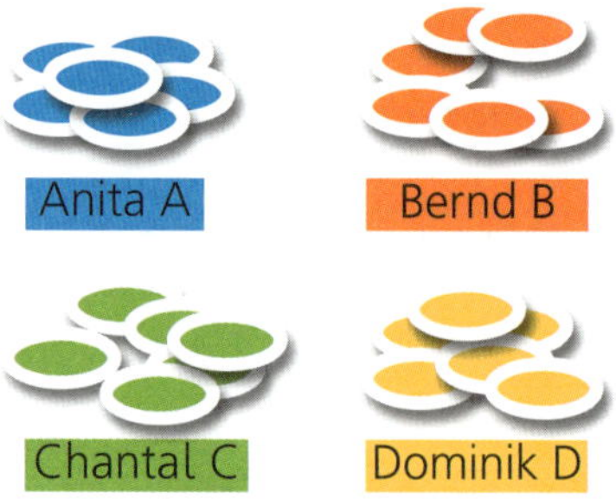

Anita gewinnt, wenn das Ereignis A: „Zahl ist eine Primzahl" eintritt. Analoges gilt für ihre Mitspieler.

Zufallszahlen erstellen

a) Simulieren Sie dieses Spiel mit Ihrem CAS, indem Sie eine Liste mit hinreichend vielen Zufallszahlen zwischen 1 und 12 ausgeben. Berechnen Sie damit die relative Häufigkeit der Ereignisse A, B, C und D und vergleichen Sie sie mit der tatsächlichen Wahrscheinlichkeit.

Ereignis	A	B	C	D
Relative Häufigkeit in der Simulation 1 bis 12				
Wahrscheinlichkeit				

b) Erik sieht heimlich unter den Würfelbecher und verkündet: „Hätte jemand auf das Feld ‚1 bis 6' gesetzt, so hätte derjenige schon mal gewonnen!".
Wiederholen Sie die Simulation des Spiels mit Ihrem CAS, indem Sie eine Liste mit hinreichend vielen Zufallszahlen zwischen 1 und 6 ausgeben. Berechnen Sie damit erneut die relativen Häufigkeiten der Ereignisse und bestimmen Sie dann die Wahrscheinlichkeiten von A, B, C und D unter der Voraussetzung, dass das Ereignis „Zahl zeigt 1 bis 6" eingetreten ist.
Welche Spieler freuen sich über die Information von Erik?

Ereignis	A	B	C	D
Relative Häufigkeit in der Simulation 1 bis 6				
Wahrscheinlichkeit, wenn 1 bis 6 eingetreten ist				

c) Das Ereignis „Zahl zeigt 1 bis 6" wird nun mit E abgekürzt.
Berechnen Sie jeweils den Quotienten der beiden Wahrscheinlichkeiten. Was stellen Sie fest?
Hinweis: $A \cap E$ bedeutet, A und E treten beide ein.

$\frac{P(A \cap E)}{P(E)} =$ $\frac{P(B \cap F)}{P(E)} =$

$\frac{P(C \cap E)}{P(E)} =$ $\frac{P(D \cap E)}{P(E)} =$

Unter der bedingten Wahrscheinlichkeit $P_E(A)$ versteht man die Wahrscheinlichkeit von A, wenn das Ereignis E bereits eingetreten ist.

Man berechnet sie mit: $P_E(A) =$ ______________________.

Aufgaben

1. Spiel mit zwei sechsseitigen Würfeln anstelle eines Dodekaeders

Das Laplace-Dodekaeder aus dem Arbeitsauftrag wird nun durch zwei sechsseitige Laplace-Würfel (ein schwarzer und ein roter Würfel) ersetzt. Das Ergebnis des Wurfs ergibt sich aus der Augensumme der beiden Würfelergebnisse.

a) Überlegen Sie sich, wie Sie dieses Zufallsexperiment mit Ihrem CAS simulieren können, und führen Sie diese Simulation aus. Bestimmen Sie damit die relativen Häufigkeiten der Ereignisse A, B, C und D aus dem Arbeitsauftrag (zweite Spalte der Tabelle).

Ereignis	A	B	C	D
Relative Häufigkeit in der Simulation 2 Würfel mit 1 bis 6				
Relative Häufigkeit in der Simulation 2 Würfel mit 1 bis 6, wenn der rote Würfel eine Sechs zeigt				

b) Erneut hat Erik heimlich unter den Becher geschaut. Er sagt: „Der rote Würfel zeigt eine 6!". Simulieren Sie unter Beachtung dieser Vorinformation das Zufallsexperiment und tragen Sie die relativen Häufigkeiten in die dritte Spalte der Tabelle ein.

2. Umfrage in einer Schulklasse

In einer Schulklasse sind 40% der Schülerinnen und Schüler Fußballfans (F), und 20% sind Fans einer TV-Seifenoper (S). 50% sind weder Fußballfans noch Fans einer Seifenoper.

a) Fertigen Sie mit der Tabellenkalkulation Ihres CAS eine vollständig ausgefüllte Vierfeldertafel an.

b) Erstellen Sie zu dieser Vierfeldertafel zwei Baumdiagramme, einmal mit F und einmal mit S als erstem Merkmal. Auf welchen Ästen befinden sich hier bedingte Wahrscheinlichkeiten?

3. Drei-mindestens-Aufgabe

Wie oft muss ein Laplace-Dodekaeder mindestens geworfen werden, damit mit einer Wahrscheinlichkeit von mindestens 95% mindestens einmal eine 12 geworfen wird?

Arbeitsauftrag

In diesem Arbeitsauftrag lernen Sie den Funktionstyp der Potenzfunktionen kennen. Sie werden mit einer systematischen Fallunterscheidung Gemeinsamkeiten und Unterschiede der Graphen feststellen. Das CAS hilft Ihnen dabei, schnell Funktionsgraphen darzustellen.

Untersuchen Sie die Funktionsklasse der Potenzfunktionen f: $f(x) = a \cdot x^n$; $a \in \mathbb{R}\setminus\{0\}$; $n \in \mathbb{N}$; $D_f = \mathbb{R}$. Zeichnen Sie dazu jeweils drei Vertreter für Graphen G_f und füllen Sie die unten stehenden Tabellen aus. Beachten Sie die Fallunterscheidungen für gerade und ungerade Exponenten und für den Koeffizienten $a = 0{,}5$ oder $a = -0{,}5$.

	n gerade		n ungerade	
	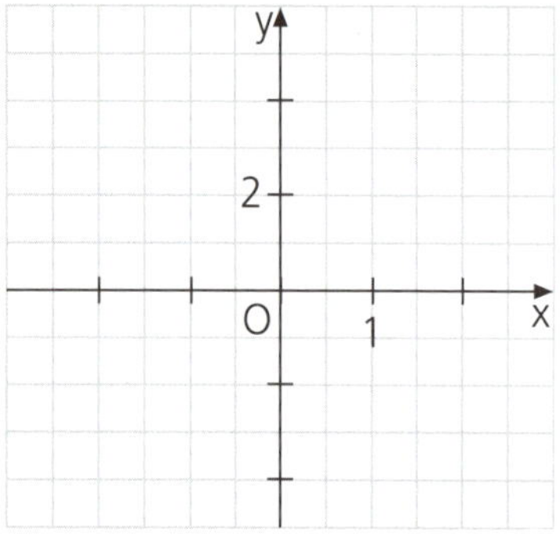		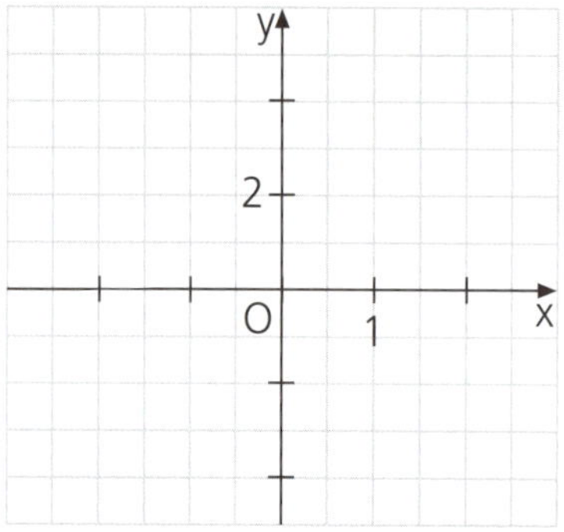	
a = 0,5	Wertemenge		Wertemenge	
	Nullstelle		Nullstelle	
	Symmetrie		Symmetrie	
	Gemeinsame Punkte der Graphen		Gemeinsame Punkte der Graphen	
	G_f verläuft durch die Quadranten		G_f verläuft durch die Quadranten	
	Steigungsverhalten		Steigungsverhalten	
a = –0,5	Wertemenge		Wertemenge	
	Nullstelle		Nullstelle	
	Symmetrie		Symmetrie	
	Gemeinsame Punkte der Graphen		Gemeinsame Punkte der Graphen	
	G_f verläuft durch die Quadranten		G_f verläuft durch die Quadranten	
	Steigungsverhalten		Steigungsverhalten	

Aufgaben

1. Einfluss des Vorfaktors a

Welchen Einfluss hat der Koeffizient a auf die Graphen der Funktionen $f(x) = a \cdot x^n$; $a \in \mathbb{R}\setminus\{0\}$; $n \in \mathbb{N}$; $D_f = \mathbb{R}$? Variieren Sie dazu systematisch den Wert von a und halten Sie Ihre Beobachtungen fest.

2. Negative Exponenten

Gegeben sind die Funktionen f: $f(x) = x^{-n}$; $n \in \mathbb{N}$; $D_f = \mathbb{R}\setminus\{0\}$. Zeichnen Sie einige Funktionsgraphen und geben Sie wie im Arbeitsauftrag die Eigenschaften der Funktionen (ggf. mit Fallunterscheidung) an.

3. „Schiffe versenken mit Potenzfunktionen"

Dieses Spiel wird zu zweit gespielt. Jeder Spieler versteckt zunächst im Spielfeld drei Schiffe: zwei 2 Kästchen lange Schiffe und ein 3 Kästchen langes Schiff. Danach sind die Spieler abwechselnd an der Reihe und nennen ein Feld. Will Spieler 1 wissen, ob z. B. unter A1 ein Schiff versteckt ist, so muss er die passende Aufgabe lösen, hier also die Wertemenge von $a(x) = 3x^7$; $D_a = \mathbb{R}$, nennen. Spieler 2 muss sich überlegen, ob die Antwort stimmt, und gibt gegebenenfalls preis, ob unter A1 ein Schiffteil liegt. Stimmt die Antwort nicht, darf Spieler 2 zweimal hintereinander spielen. Spieler 2 verwendet die rechte Tabelle, um nach Kästchen zu fragen. Wer zuerst alle drei Schiffe entdeckt hat, hat gewonnen.

A	$a(x) = 3x^7$	E	$e(x) = -3x^6$
B	$b(x) = -2x^5$	F	$f(x) = 0{,}5x^4$
C	$c(x) = -0{,}2x^4$	G	$g(x) = -0{,}1x^5$
D	$d(x) = 0{,}1x^3$	H	$h(x) = 5x^8$

1	Wertemenge
2	Symmetrie
3	Anzahl der gemeinsamen Punkte mit dem Graphen von $0{,}1x^2$
4	G_f verläuft durch die Quadranten
5	$f(2) = ?$
6	Steigungsverhalten
7	$f(-1) = ?$
8	Gilt $f(-10) < 1000$?

Spielfeld Spieler 1

	1	2	3	4	5	6	7	8
A								
B								
C								
D								
E								
F								
G								
H								

A	$a(x) = -0{,}4x^3$	E	$e(x) = 0{,}4x^2$
B	$b(x) = 2x^5$	F	$f(x) = 0{,}5x^3$
C	$c(x) = -3x^7$	G	$g(x) = -0{,}2x^4$
D	$d(x) = 4x^8$	H	$h(x) = -6x^6$

1	G_f verläuft durch die Quadranten
2	Gilt $f(-10) < 1000$?
3	$f(-2) = ?$
4	Wertemenge
5	$f(1) = ?$
6	Steigungsverhalten
7	Anzahl der gemeinsamen Punkte mit dem Graphen von $0{,}4x^4$
8	Symmetrie

Spielfeld Spieler 2

	1	2	3	4	5	6	7	8
A								
B								
C								
D								
E								
F								
G								
H								

4. Reelle Exponenten

Untersuchen Sie typische Vertreter der Funktionsklasse f: $f(x) = x^r$; $r \in [1; \infty[$; $D_f = \mathbb{R}^+$. Schließen Sie auf die Bedeutung des Exponenten für den Verlauf des Funktionsgraphen.

Arbeitsauftrag

Mit Ihrem CAS-Rechner können Sie sehr schnell Lösungen von algebraischen Gleichungen berechnen. Zwei Möglichkeiten, wie ein CAS dabei zur Lösung gelangt, können Sie anhand dieses Arbeitsauftrags nachvollziehen. Dabei lernen Sie, mit einer Tabellenkalkulation umzugehen.

Laura und Gregor haben sich jeweils ein Verfahren überlegt, wie man rechnerisch die Lösung einer algebraischen Gleichung ermitteln kann. Betrachten Sie das Beispiel, bei dem Laura und Gregor die Lösung von $x^3 - 2x^2 - 1 = 0$ berechnen.

Lauras Vorgehen:

	A	B	C
1	x	x^3-2x^2-1=0	
2	1	−2	
3	2	−1	
4	3	8	
5	2,5	2,125	
6	2,25	0,265625	
7	2,125	−0,435546875	
8	2,1875	−0,102783203	
9			
10			
11			
12			

Gregors Vorgehen:

	A	B	C
1	x	x^3-2x^2-1=0	
2	1	−2	
3	2	−1	
4	3	8	
5	2,1	−0,559	
6	2,2	−0,032	
7	2,3	0,587	
8	2,21	0,025661	
9	2,201	−0,026275399	
10	2,202	−0,020541592	
11	2,203	−0,014798573	
12	2,204	−0,09046336	
13	2,205	−0,003284875	
14	2,206	0,002485816	

Tabellenkalkulation

a) Erklären Sie Lauras bzw. Gregors Vorgehen.

b) Übernehmen Sie Lauras Vorgehen auf Ihren CAS-Rechner und ergänzen Sie die Zeilen 9 und 10.

c) Bestimmen Sie mit diesem Algorithmus die Lösung der Gleichung $x^3 - 2x^2 - 1 = 0$ auf zwei Dezimalen genau. Kontrollieren Sie Ihr Ergebnis, indem Sie die Lösung auf herkömmliche Weise mit Ihrem CAS berechnen.

d) Bestimmen Sie nun mit diesem Verfahren eine auf drei Dezimalen genaue Lösung von $0{,}4x^3 - 2x + 1 = 0$ über der Grundmenge $G = [0; 1]$.

e) Überlegen Sie sich, welche Probleme es bei der Ausführung dieses Algorithmus' geben könnte.

Zur Lösung von mathematischen Gleichungen verwendet man Algorithmen. Ein Algorithmus ist eine Vorschrift aus endlichen und eindeutig ausführbaren Anweisungen, die ein Problem lösen.
Das Wort „Algorithmus" geht auf den arabischen Mathematiker Muhammad Ibn Musa Alchwarizmi (um 780 bis 850) zurück, der in seinen Werken viele Rechenregeln zur Lösung von Gleichungen beschrieben hat.
Ein Beispiel für einen weiteren Algorithmus ist das Heron-Verfahren zur numerischen Bestimmung einer Lösung von Gleichungen der Form $x^2 - a = 0$.

Hier sind einige Lösungsverfahren für algebraische Gleichungen zusammengestellt.

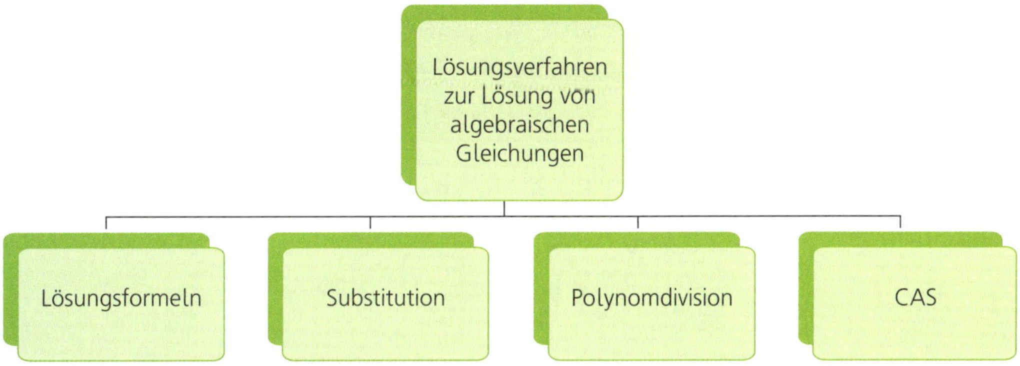

Bedenken Sie: Sie müssen algebraische Gleichungen auch ohne CAS lösen können.

Aufgaben

1. Lösungsformeln

Gesucht ist eine Funktion f in Abhängigkeit von p und q, die eine Lösung von Gleichungen der Form $x^2 + px + q = 0$ angibt.
Zum Beispiel sind $x^2 + 3x - 3 = 0$ und $x^2 - 7x + 2 = 0$ solche Gleichungen.

a) Bestimmen Sie eine solche Funktion f(p, q).

b) Begründen Sie, warum diese Funktion stets nur eine und nicht beide Lösungen liefern kann.

c) Berechnen Sie mit Ihrer Funktion jeweils eine Lösung für die obigen Beispielgleichungen.

d) Geben Sie eine Gleichung an, bei der die Funktion f(p, q) nicht definiert ist, die also keine Lösung besitzt.

2. Substitution

Substituieren Sie zunächst so, dass ein Polynom mit niedrigerem Grad entsteht, und lösen Sie diese substituierte Gleichung mit dem CAS. Schließen Sie damit auf die Lösung(en) der ursprünglichen Gleichung.

a) $x^4 - 2x^2 - 1 = 0$

b) $x^6 - x^3 - 12 = 0$

c) $x^9 - x^3 - 1 = 0$

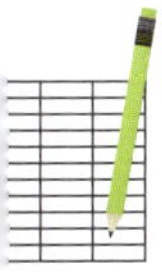

Polynom-division

3. Polynomdivision

Wenn eine Polynomdivision nicht aufgeht, bleibt ein Rest R.
Zum Beispiel $(x^5 - x^3 - 2) : (x^2 - 4) = x^3 + 3x + R$

a) Bestimmen Sie den Rest R.

b) Halten Sie fest, wie Sie mit Ihrem CAS das Ergebnis einer Polynomdivison erhalten.

Polynomdivision mit dem CAS:

Arbeitsauftrag

In diesem Arbeitsauftrag lernen Sie, wie Sie anhand des vollständig faktorisierten Funktionsterms Aussagen über den Graphenverlauf in der Umgebung von Nullstellen machen können. Das CAS hilft Ihnen dabei, die Graphen darzustellen und den Funktionsterm zu faktorisieren.

Zeichnen Sie mit Ihrem CAS jeweils den Funktionsgraphen:
Funktion zweiten Grades: $f_2(x) = x^2 - 2x;\ D_{f_2} = \mathbb{R}$
Funktion dritten Grades: $f_3(x) = x^3 - 4x^2 + 4x;\ D_{f_3} = \mathbb{R}$
Funktion vierten Grades: $f_4(x) = x^4 - 6x^3 + 12x^2 - 8x;\ D_{f_4} = \mathbb{R}$
Funktion fünften Grades: $f_5(x) = x^5 - 8x^4 + 24x^3 - 32x^2 + 16x;\ D_{f_5} = \mathbb{R}$.

a) Beschreiben Sie jeweils den Verlauf der Funktionsgraphen in der Umgebung der Nullstelle $x = 2$.

b) Faktorisieren Sie die Funktionsterme vollständig und leiten Sie mit diesen einen Zusammenhang hinsichtlich a) her.
Wenn in der vollständig faktorisierten Form einer ganzrationalen Funktion der Exponent …

Die Vielfachheit einer Nullstelle entspricht dem Exponenten des Linearfaktors in der vollständig faktorisierten Form einer ganzrationalen Funktion.
Geben Sie jeweils die Nullstellen und ihre Vielfachheit an.

Funktion	Vollständig faktorisierte Form	Nullstellen mit Vielfachheit
$f(x) = 2x^3 - 2x^2 - 2x + 2;\ D_f = \mathbb{R}$	$f(x) = 2(x - 1)^2(x + 1)$	$x_1 = 1$ (doppelt) $x_2 = -1$ (einfach)
$f(x) = -x^4 - 5x^3 + 14x^2;\ D_f = \mathbb{R}$		
$f(x) = x^4 - 4{,}5x^3 + 6x^2 - 2{,}5x;\ D_f = \mathbb{R}$		
$f(x) = -4x^5 - 4x^3;\ D_f = \mathbb{R}$		
$f(x) = (x^2 - 2x + 1)(x - 1)^2;\ D_f = \mathbb{R}$		

Aufgaben

1. Graphen ganzrationaler Funktionen dritten Grades

Gegeben ist eine ganzrationale Funktion f dritten Grades mit $D_f = \mathbb{R}$ und dem Funktionsterm $f(x) = ax^3 + bx^2 + cx + d$; a, b, c, d $\in \mathbb{R}$. Bestimmen Sie mithilfe der Zeichnung die Werte von a, b, c und d.
Hinweis: Alle Nullstellen sind ganzzahlig.

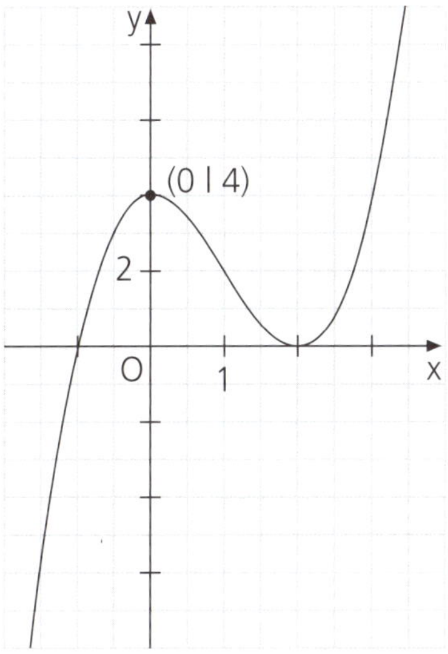

a = ____; b = ____;
c = ____; d = ____

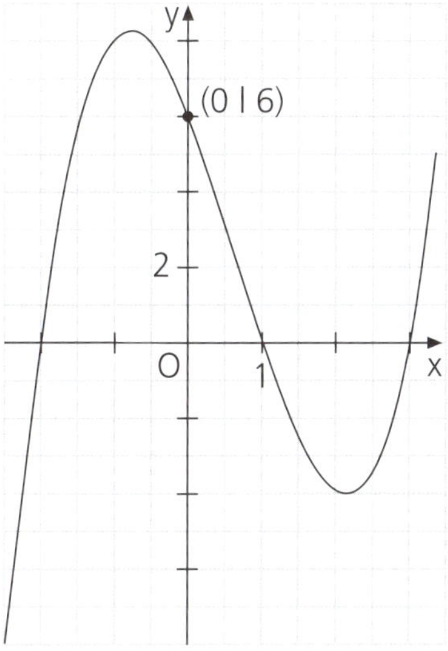

a = ____; b = ____;
c = ____; d = ____

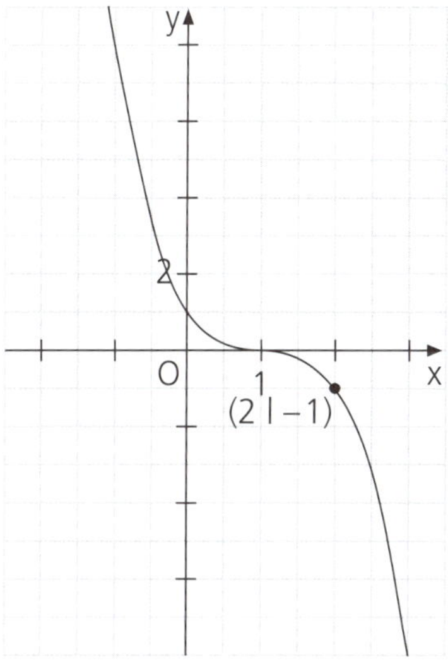

a = ____; b = ____;
c = ____; d = ____

2. Intervallbestimmung

Geben Sie die Intervalle I an, in denen f(x) positiv ist.

a) $f(x) = 2x^4 - 18x^3 + 44x^2 - 64$; $D_f = \mathbb{R}$

b) $f(x) = (x + 1)^2 \cdot (x - 3)$; $D_f = \mathbb{R}$

c) $f(x) = x^3 + 100{,}99x^2 + 98{,}99x - 1$; $D_f = [-2; 20]$

3. Lösung von mathematischen Gleichungen durch Nullstellenbestimmung

Max möchte die Lösung der Gleichung $x^7 + x^5 = 3x - 7$ über der Grundmenge $G = \mathbb{R}$ bestimmen.

a) Erklären Sie, wie man diese Aufgabe als Nullstellenproblem einer Funktion f auffassen kann.

b) Begründen Sie, warum jede mathematische Gleichung als Nullstellenproblem aufgefasst werden kann.

4. Schnittpunktbestimmung

Bestimmen Sie die Schnittpunkte der Funktionsgraphen von f und g.

a) $f(x) = x^3 - 2x^2$; $D_f = \mathbb{R}$; $g(x) = 2x - 4$; $D_g = \mathbb{R}$

b) $f(x) = x^5 - 2x$; $D_f = \mathbb{R}^+$; $g(x) = x^5$; $D_g = \mathbb{R}^+$

c) $f(x) = x^{28} + x^{26}$; $D_f = \mathbb{R}$; $g(x) = x^{30}$; $D_g = \mathbb{R}$

5. Ganzrationale Funktion mit Parameter a

Gegeben ist die Funktion $f_a(x) = 24x^3 + ax^2 + 2{,}5ax + (15 + 2a)$; $D_f = \mathbb{R}$, $a \in \mathbb{R}$.

a) Bestimmen Sie a so, dass die Funktion f eine Nullstelle mit der Vielfachheit 3 hat.

b) Begründen Sie, ob die Funktion f für alle $a \in \mathbb{R}$ eine Nullstelle besitzt.

6. Gestalt von Funktionsgraphen dritten Grades

Graphen von ganzrationalen Funktionen ersten Grades und zweiten Grades sollten Ihnen bereits bekannt sein, sodass Sie diese sofort erkennen sollten.

a) Erklären Sie, woran man den Graphen einer Funktion ersten bzw. zweiten Grades erkennt.

b) Ermitteln Sie Kriterien, an denen man den Graphen einer Funktion dritten Grades erkennen kann. Erstellen Sie dazu aussagekräftige Zeichnungen von selbst gewählten Funktionen dritten Grades. *Hinweis*: Wenn Sie die Koordinatenachsen in den Zeichnungen weglassen, ergeben sich genau vier verschiedene Verläufe von Funktionsgraphen dritten Grades.

Graph 1

Graph 2

Graph 3

Graph 4

7. Funktionsterm aus Funktionsgraph

Plotten Sie den Funktionsgraphen einer ganzrationalen Funktion dritten, vierten, fünften oder sechsten Grades, die nur ganzzahlige Nullstellen besitzt. Skizzieren Sie den Graphen, so dass alle Nullstellen ersichtlich sind, und legen Sie den skizzierten Graphen Ihrem Nachbarn oder Ihrer Nachbarin vor. Kann dieser bzw. diese den Funktionsterm herausfinden? Finden Sie gegebenenfalls Gründe, wenn dies nicht möglich ist.
Geben Sie dann nach und nach Tipps, indem Sie einzelne Punkte auf dem Funktionsgraphen vorgeben.

Skizzierter Graph:

8. Funktionsgraph durch drei Punkte

Der Graph einer ganzrationalen Funktion f dritten Grades mit $D_f = \mathbb{R}$ verläuft durch die Punkte A (4 | 7), B (–4 | –9) und C (1 | 1).

a) Begründen Sie, dass man mit diesen Informationen keinen eindeutigen Funktionsterm von f bestimmen kann.

b) Geben Sie einen möglichen Funktionsterm für f an.

c) Ermitteln Sie einen Funktionsterm der Funktion f, wenn f genau zwei Nullstellen besitzt, die beide ganzzahlig sind.

9. Zahlenrätsel

Lukas: „Ich denke mir eine natürliche Zahl, subtrahiere davon 3 und potenziere das Ergebnis mit 3. Ich komme zum gleichen Ergebnis, wenn ich die Zahl quadriere, mit 19 multipliziere und 27 subtrahiere."

a) Zeigen Sie, dass das Rätsel von Lukas nicht eindeutig lösbar ist.

b) Entwerfen Sie ein ähnliches Rätsel für Lukas, sodass seine gedachte Zahl (sie ist größer als 1) sich eindeutig als Lösung ergibt.

10. Hohlkugel

In eine Hohlkugel mit Radius r wird Wasser mit dem Volumen V gefüllt. Das Wasser steht dann in der Kugel bis zur Füllhöhe h. Mit der Formel $V = rh^2\pi - \frac{1}{3}h^3\pi$ kann bestimmt werden, welches Wasservolumen V sich bei gegebenen r und h in der Kugel befindet.

Bestimmen Sie, wie hoch das Wasser in einer Hohlkugel mit Radius r = 10 cm steht, wenn 3,8 Liter Wasser in die Kugel gegossen wurden.

11. Achterbahn

Um eine neue Achterbahn zu konstruieren, werden von einem Ingenieur folgende Bedingungen verlangt: Bei x = 0 m soll die Achterbahn flach vom Boden aus starten, und bei x = 20 m soll sie wieder flach zum Boden hingeführt werden. Außerdem soll es an zwei Stellen Berge geben, wobei diese aus Sicherheitsgründen eine Höhe von 7 m nicht überschreiten dürfen. Der Ingenieur entwirft nach diesen Vorgaben den unten stehenden Plan. Geben Sie eine ganzrationale Funktion f an, die obige Bedingungen einhält. Der Plan des Ingenieurs kann dabei hilfreich sein.

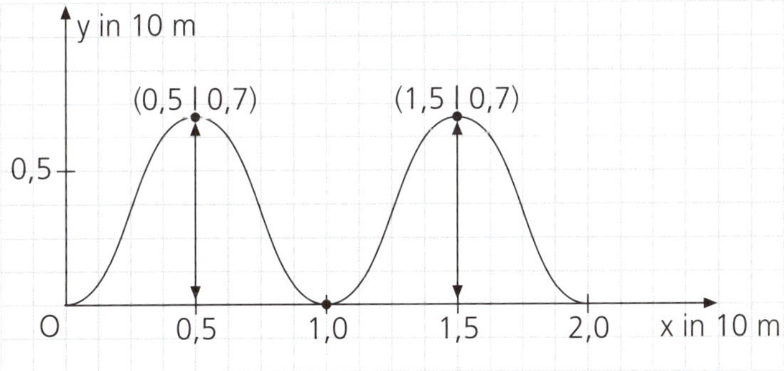

Arbeitsauftrag

In diesem Arbeitsauftrag werden Sie typische Eigenschaften von Funktionen bzw. Funktionsgraphen ermitteln. Diese Eigenschaften können gerade bei Anwendungsaufgaben sehr aussagekräftig sein. Das CAS bietet für viele Eigenschaften spezielle Befehle zur schnellen Bestimmung.

Gegeben ist die Funktion f: $f(x) = 2x^2 - 2x^4$; $D_f = \mathbb{R}$.
Bestimmen Sie die Nullstellen mit Vielfachheit, das Verhalten von f für betragsmäßig große Werte von x, das Symmetrieverhalten des Funktionsgraphen und die Wertemenge W.

Nullstellen	
Verhalten für $x \to \infty$	
Verhalten für $x \to -\infty$	
Symmetrie	
Wertemenge	

Finden Sie heraus, wie Sie diese Eigenschaften auf einfachem Weg mit Ihrem CAS bestimmen können, und halten Sie Ihr Vorgehen fest.

	Vorgehen mit dem CAS
Nullstellen	
Verhalten für $x \to \pm\infty$	
Symmetrie	
Wertemenge	

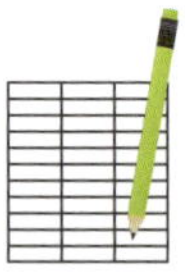

$x \to \pm\infty$

Hinweise:
- Für $x \to \infty$ von f(x) schreibt man auch $\lim\limits_{x \to \infty} f(x)$.
- Lösen Sie eine Gleichung mit dem CAS, um die Symmetrie zu testen.
- Bestimmung der Wertemenge: Betrachten Sie das Verhalten für $x \to \pm\infty$ und ermitteln Sie dann gegebenenfalls noch den **max**imalen und den **min**imalen y-Wert der Funktion.

Aufgaben

1. Typische Eigenschaften ganzrationaler Funktionen

Gegeben ist jeweils der Funktionsterm einer Funktion f mit Definitionsmenge $D_f = \mathbb{R}$.
Bestimmen Sie die Nullstellen mit Vielfachheit, das Verhalten von f für betragsmäßig große Werte von x, das Symmetrieverhalten des Funktionsgraphen und die Wertemenge W.

Funktion	Nullstellen	$x \to \pm\infty$	Symmetrie	Wertemenge
$f(x) = -x^2 + x^3$	$x_1 = 0$ (doppelt) $x_2 = 1$ (einfach)	$x \to \infty$: $f(x) \to \infty$ $x \to -\infty$: $f(x) \to -\infty$	Keine zum Koordinatensystem	$W = \mathbb{R}$
$f(x) = -x^4 + x^2 - 1$				

…n dritten Grades f mit $D_f = \mathbb{R}$ verläuft durch die Punkte
…| −7).
…$x \to \pm\infty$.

…rationale Funktion mit den angegebenen Eigenschaften geben
…an, falls dies möglich ist.

…llen, sie besitzt die Wertemenge $W = \mathbb{R}$ und ist symmetrisch zur

…llen, sie besitzt die Wertemenge $W = \mathbb{R}$ und ist symmetrisch zur

…he Nullstelle und sonst keine. Sie besitzt die Wertemenge

…t symmetrisch zur y-Achse.

e) Die Funktion hat den Grad 5 und ist symmetrisch zum Ursprung.

f) Die Funktion hat genau drei Nullstellen. Sie besitzt keine Symmetrie zum Koordinatensystem. Die Wertemenge ist $W = \mathbb{R}^-$.

g) Die Funktion hat keine Nullstellen. Die Wertemenge ist $W = \mathbb{R}$.

Selbsttest

Potenzfunktionen

1. Begründen oder widerlegen Sie: Zu jedem Punkt P des Koordinatensystems kann man eine Potenzfunktion angeben, so dass der Graph dieser Potenzfunktion durch P verläuft.

2. Bestimmen Sie den Term einer Potenzfunktion, die durch die Punkte R (2 | –3,2) und S (–3 | 24,3) verläuft. Geben Sie eine weitere Funktion g an, deren Graph auch durch diese Punkte verläuft.

3. Geben Sie die maximale Definitionsmenge und die Wertemenge der Funktion f mit f: $x \mapsto x^{200 \cdot n}$; $n \in \mathbb{N}$; $D_f = D_{max}$, an und untersuchen Sie rechnerisch das Symmetrieverhalten von f.

4. Gegeben sind die Potenzfunktionen f: $x \mapsto a \cdot x^n$; $D_f = \mathbb{R}$; $n \in \mathbb{N}$; $a \in \mathbb{R}\backslash\{0\}$.

a) Treffen Sie genaueste Aussagen über a und n (eventuell mit Fallunterscheidung), wenn gilt: Der Graph verläuft durch den II. Quadranten.

b) Treffen Sie genaueste Aussagen über a und n (eventuell mit Fallunterscheidung), wenn gilt: Der Graph ist punktsymmetrisch zum Ursprung und verläuft durch den Punkt P (1 | –1).

Lösung von algebraischen Gleichungen

5. Gegeben ist $(3x^4 + 4x^2 - 23x + 16) : (x - a)$ mit $a, x \in \mathbb{R}$.

a) Führen Sie die Division für den Fall a = 2 aus.

b) Geben Sie einen Wert von a an, so dass die Division ohne Rest aufgeht.

6. Geben Sie die Anzahl der Lösungen der Gleichung $x^2 + ax + 5 = 0$; $a, x \in \mathbb{R}$, in Abhängigkeit von a an.

Ganzrationale Funktionen und ihre Nullstellen

7. Bestimmen Sie die Nullstellen der Funktion f mit $D_f = \mathbb{R}$ und geben Sie ihre Vielfachheit an.

a) $f(x) = (x - 2)^2 \cdot (x + 5)^3 \cdot x$

b) $f(x) = (2 - x)^3$

c) $f(x) = x^4 - 3x^2 + 2x$

Weitere Eigenschaften ganzrationaler Funktionen

8. In dem Koordinatensystem ist der Funktionsgraph einer ganzrationalen Funktion f vom Grad 6 gezeichnet. Alle Nullstellen sind ganzzahlig, und der Punkt (2 | –8) liegt auf dem Funktionsgraphen.

a) Bestimmen Sie den Funktionsterm von f und begründen Sie Ihre Überlegungen.

b) Begründen Sie, dass $f(x) \to \infty$ für $x \to -\infty$.

c) Bestimmen Sie die Wertemenge von f.

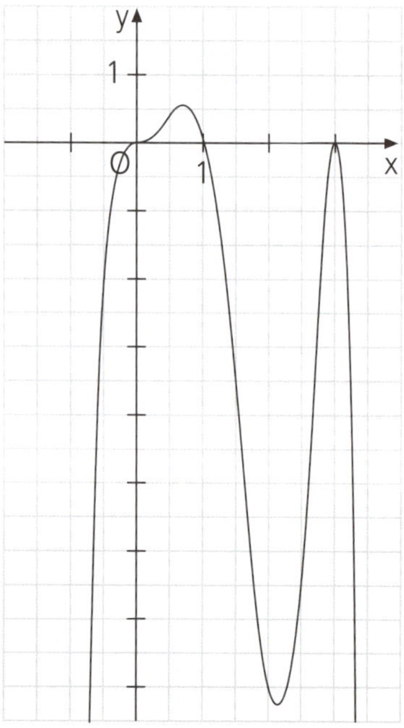

Wenn $W = \mathbb{R}$ ist, so nimmt die Funktion den Wert 0 an, hat also eine Nullstelle. Widerspruch.

9. Ein Pharmazieunternehmen testet ein neues Medikament zur Schmerzlinderung. In einer Testreihe wird die Konzentration des Medikaments im Blut untersucht. Der Graph zeigt die Konzentration c mit $c(x) = -0{,}02x^3 + x$; $D_f = [0; x_1]$, in Promille in Abhängigkeit von der Zeit x in Stunden an.

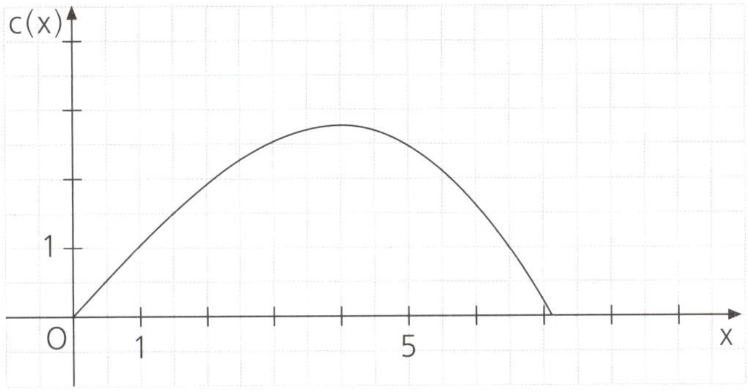

a) Bestimmen Sie den Zeitpunkt x_1, zu dem die Konzentration auf 0 zurückgefallen ist.

b) Das Medikament ist nur wirksam, wenn mindestens 1,5 Promille des Wirkstoffs im Blut nachweisbar sind. Bestimmen Sie den Zeitraum I_1, in dem das Medikament die Schmerzen lindert.

c) Nach 3 Stunden nimmt ein Patient eine weitere Tablette des Medikaments ein. Näherungsweise ergibt sich die Konzentration dann aus der Addition von c(x) und c(x – 3). Ergänzen Sie obige Abbildung um den Graphen dieser Funktion c(x) + c(x – 3).

d) Bestimmen Sie nun den Zeitraum I_2, in dem das Medikament wirksam ist.

e) Ärzte warnen davor, dass die Konzentration des Medikaments nicht über 4 Promille steigen soll. Nach welcher Zeit sollte demnach eine weitere Einnahme des Medikaments erfolgen?

10. Gegeben ist die Funktion f: $f(x) = 2x^5 + 2x^4 - 10x^3 - 2x^2 + 16x - 8$; $D_f = \mathbb{R}$.
Bestimmen Sie die Nullstellen der Funktion f mit Vielfachheit, das Verhalten von f für betragsmäßig große Werte von x, das Symmetrieverhalten des Funktionsgraphen und die Wertemenge W.

11. Gegeben ist die Funktion f: $x \mapsto 2x^6 - 0{,}5x^2 - 5x^6$; $D_f = \mathbb{R}$. Begründen oder widerlegen Sie die folgenden Aussagen.

a) Für $x \to \infty$ gilt $f(x) \to \infty$.

b) Der Graph von f zeigt keine Symmetrie zum Koordinatensystem.

c) Die Funktion hat genau zwei Nullstellen.

d) $f(0) = 0$

e) Die Wertemenge lautet $W = \mathbb{R}^+$.

12. Lukas behauptet: „Jede ganzrationale Funktion mit einem ungeraden Grad hat eine Nullstelle."
Laura behauptet: „Jede ganzrationale Funktion mit lauter geraden Exponenten ist symmetrisch zur y-Achse."
Hat Lukas Recht? Hat Laura Recht? Begründen Sie jeweils Ihre Antwort.

13. Von einer ganzrationalen Funktion f sechsten Grades ist bekannt:

- Für $x \to +\infty$ gilt $f(x) \to -\infty$.
- Für $x \to -\infty$ gilt $f(x) \to -\infty$.
- Die einzige Nullstelle von f ist $x = -2$.

Geben Sie mit Begründung zwei mögliche Funktionsterme für f an.

Selbsttest

Arbeitsauftrag

Sie haben bereits viele Funktionen auf ihre charakteristischen Eigenschaften hin untersucht. Aufgrund dieser Merkmale lassen sich Funktionen bestimmten Funktionstypen zuordnen. In diesem Arbeitsauftrag werden Sie anhand von Beispielen diese Zuordnung vornehmen und dabei wesentliche Eigenschaften wiederholen. Mit Ihrem CAS-Rechner können Sie viele Merkmale von Funktionen schnell erkennen.

Gegeben sind Funktionsterme verschiedener Funktionstypen.

(A) $\frac{2x}{x^2-1}$	(B) $2 \cdot \sin\left(x - \frac{\pi}{2}\right)$	(C) 2^{x-3}	(D) $(x-2)^{\frac{1}{2}}$	(E) $-\frac{x^3 - 12x + 16}{8}$	(F) $\log_7 x$

Ordnen Sie die Funktionsterme (A) bis (F) den aufgeführten Funktionstypen zu.

rationale Funktion:

nichtrationale Funktion:

ganzrationale Funktion:

gebrochenrationale Funktion:

trigonometrische Funktion:

Wurzelfunktion:

Exponentialfunktion:

Logarithmusfunktion:

Ordnen Sie die Beispielfunktionsterme (A) bis (F) den Aussagen zu.

Aussage	Beispielfunktionen (A)–(F)
Die Funktion ist periodisch.	
Der Funktionsgraph hat eine senkrechte Asymptote.	
Die Funktion hat die Definitionsmenge $\mathbb{R}$.	
Die Funktion hat höchstens eine Nullstelle.	
Die Funktionswerte werden im gesamten Definitionsbereich mit zunehmenden Werten von x größer.	
Der Funktionsgraph ist symmetrisch zum Koordinatensystem.	
Die Funktion hat die Wertemenge $\mathbb{R}^+$.	
Der Funktionsgraph der Funktion verläuft durch den ersten Quadranten.	

Aufgaben

1. Gebrochenrationale Funktionen: grundlegende Eigenschaften

Gegeben ist die Funktion f: $f(x) = \frac{1 - x^2}{x^2 + 1}$; $D_f = \mathbb{R}$.

a) Untersuchen Sie das Symmetrieverhalten des Funktionsgraphen. Weisen Sie dieses Verhalten rechnerisch nach.

b) Bestimmen Sie $\lim\limits_{x \to \infty} f(x)$.

c) Begründen Sie ohne weitere Rechnung, wie der Grenzwert von $\lim\limits_{x \to -\infty} f(x)$ lautet.

d) Zeigen Sie, dass gilt: $-1 < f(x) \leqq 1$.

e) Geben Sie die Wertemenge von f an.

2. Gebrochenrationale Funktionen: Anwendung beim Preisverfall eines Autos

Herr Müller ist Gebrauchtwagenhändler und möchte wissen, wie sich der Preis des Autos HUMBO im Laufe der Zeit entwickelt. Seine Tochter Luise ist Oberstufenschülerin und hat anhand einiger Daten den Preis P (in €) in Abhängigkeit von den Jahren x nach Bau durch eine Funktion modelliert:

$P(x) = \frac{1\,000\,x + 80\,000}{2x + 5}$; $D_f = \mathbb{R}_0^+$.

a) Berechnen Sie den Preis eines Wagens, der 1 Jahr alt ist.

b) Bestimmen Sie, wie viel ein Neuwagen kostet.

c) Ermitteln Sie den Wert, der sich auf lange Sicht einstellt.

d) Um wie viel Prozent nimmt der Wert des Autos im Durchschnitt in den ersten fünf Jahren jährlich ab? Berechnen Sie dazu die prozentuale Änderung von Jahr zu Jahr.

Zeitraum (Jahre)	0 bis 1	1 bis 2	2 bis 3	3 bis 4	4 bis 5
Prozentuale Wertminderung					

e) Nehmen Sie nun an, dass die prozentuale Änderung pro Jahr stets den durchschnittlichen Wert aus d) hat. Geben Sie einen Funktionsterm H(x) an, der für dieses Modell die Preisentwicklung in Abhängigkeit von der Zeit x angibt. Ermitteln Sie Eigenschaften dieser Funktion H und vergleichen Sie sie mit den Eigenschaften der Funktion P.

3. Trigonometrische Funktionen: grundlegende Eigenschaften

Füllen Sie die Tabellenfelder vollständig aus.

Funktionsterm	Amplitude	Periode	Nullstellen	Wertemenge
$f(x) = \frac{1}{2} \cos(5x) + 1{,}5$				
$f(x) = 2 \cdot \sin\left(3x + \frac{\pi}{2}\right)$				
$f(x) = \sin(x) + \cos(x)$				

4. Trigonometrische Funktionen: Anwendung bei der Atmung

In einer Routineuntersuchung misst ein Arzt das Atemvolumen V in Abhängigkeit von der Zeit t. Ein vollständiger tiefer Atemzug (Ein- und Ausatmung) dauert 5 Sekunden, wobei pro Atemzug 1,5 Liter Luft ein- bzw. ausgeatmet werden.

a) Skizzieren Sie in einem t-V-Diagramm den Graphen bei einer gleichmäßige Atmung.

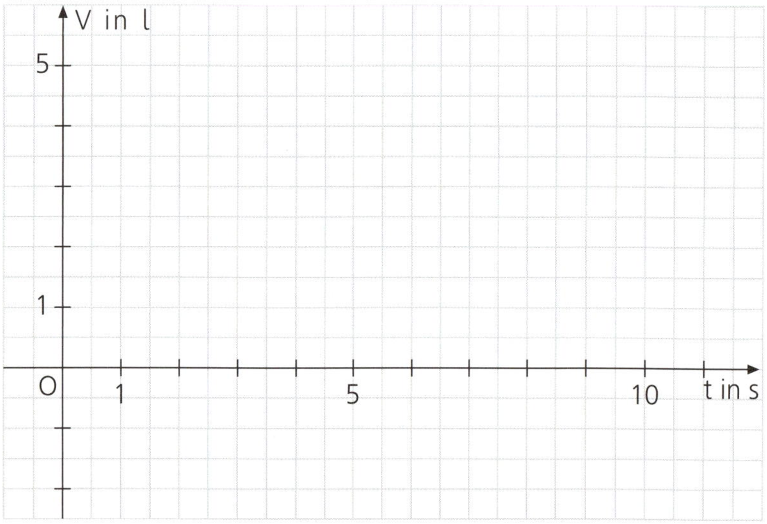

b) Geben Sie einen Funktionsterm V(t) an.

c) Unabhängig von der Atmung verbleiben in der Lunge 2,0 Liter Luft. Geben Sie den Funktionsterm L(t) an, der das Luftvolumen in der Lunge in Abhängigkeit von der Zeit t beschreibt.

d) Ermitteln Sie, welches maximale Luftvolumen diese Lunge fassen kann.

e) Ein Patient hyperventiliert, d. h., er atmet zwei- bis fünfmal so schnell wie üblich. Finden Sie heraus, wie sich dadurch der Funktionsterm V(t) ändert.

5. Exponentialfunktionen: grundlegende Eigenschaften

Gegeben sind jeweils zwei Punkte des Funktionsgraphen einer Exponentialfunktion. Ermitteln Sie jeweils den zugehörigen Funktionsterm und skizzieren Sie den Graphen.

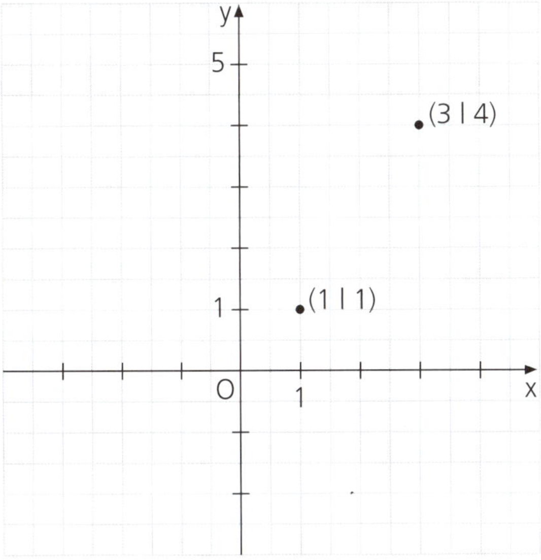

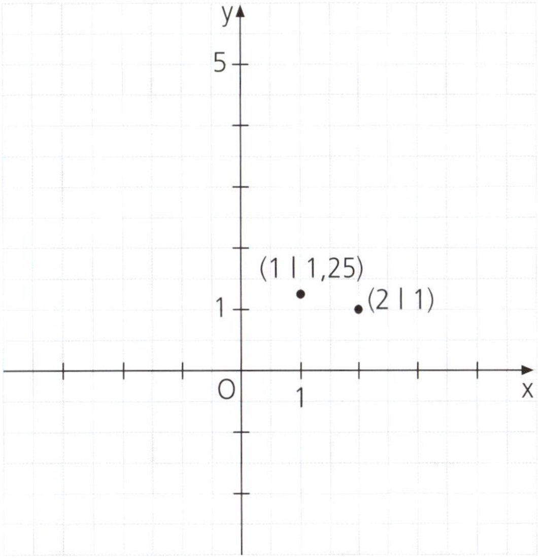

f(x) = ____________________ f(x) = ____________________

6. Exponentialfunktionen: Anwendung bei der Entwicklung der Internetseitenanzahl

Eine Internet-Serviceunternehmen ermittelt monatlich die Anzahl der Websites im Internet. In der Tabelle sind die Gesamtzahl der Websites von Januar 2001 bis Januar 2009 aufgelistet (t = 0 steht für das Jahr 2000).

Jahr	1	3	5	7	9
Gesamtzahl an Websites in Millionen	29,0	40,1	62,3	113,7	185,5

a) Begründen Sie, dass man hier annähernd von einem exponentiellen Wachstum ausgehen kann.

b) Ermitteln Sie einen Funktionsterm F(t), der die exponentielle Entwicklung angenähert darstellt. Plotten Sie anschließend den Funktionsgraphen und berechnen Sie die prozentualen Abweichungen Ihres Modells von den gegebenen Daten.

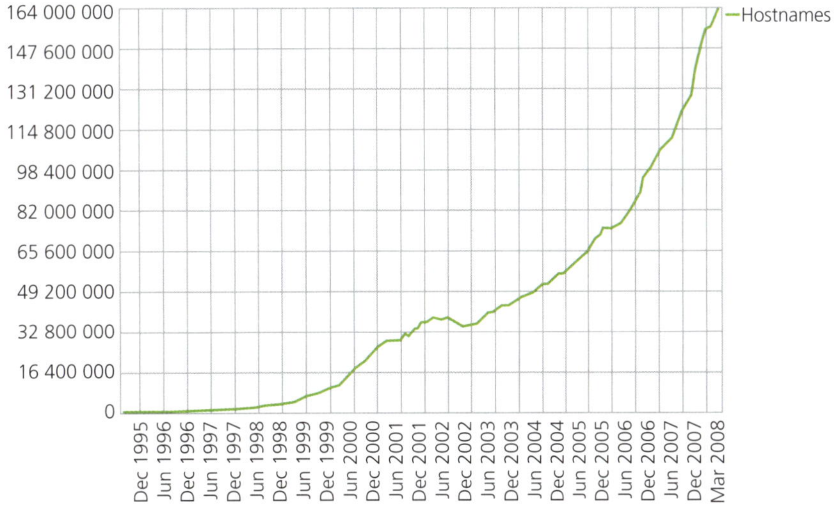

c) Berechnen Sie mit Ihrer Funktion F(t), wie viele Websites es beim Start des Internets im Jahr 1995 gegeben haben müsste.

d) In Jahr 2010 gab es 206,7 Millionen Websites im Internet. Beurteilen Sie mit dieser Information, ob Ihr Funktionsterm F(t) den tatsächlichen Verlauf akzeptabel wiedergibt.

Arbeitsauftrag

Bisher haben Sie bei ganzrationalen Funktionen das Verhalten der Funktionswerte für betragsmäßig große x untersucht. In diesem Abschnitt analysieren Sie das Unendlichkeitsverhalten weiterer Funktionstypen. Sie lernen dabei, dass viele Funktionstypen ein charakteristisches Grenzwertverhalten aufweisen. Das CAS hilft Ihnen, diesen Zusammenhang graphisch darzustellen und Grenzwerte zu berechnen.

a) Machen Sie sich nochmals klar, welches Verhalten bei ganzrationalen Funktion für $x \to \pm\infty$ vorliegt und von welchen Bedingungen dies abhängt.

b) Gegeben sind die Funktionen

$f_1(x) = \frac{1}{x-1}$; $D_{f_1} = \mathbb{R}\setminus\{0\}$; $f_2(x) = \frac{x^2-2}{x^2+1}$; $D_{f_2} = \mathbb{R}$ und $f_3(x) = \frac{x^3-1}{x+2}$; $D_{f_3} = \mathbb{R}\setminus\{-2\}$.

Ergänzen Sie die Tabelle und stellen Sie eine Vermutung für das Verhalten für $x \to \infty$ auf.

x	100	1 000	10 000	100 000
$f_1(x)$				
$f_2(x)$				
$f_3(x)$				

Vermutung:

c) Überprüfen Sie Ihre Vermutung mit dem CAS und ermitteln Sie auch das Verhalten für $x \to -\infty$.
Gebrochenrationale Funktionen können folgendes Verhalten für $x \to \pm\infty$ zeigen:

d) Untersuchen Sie mithilfe Ihres CAS-Rechners für folgende Funktionen das Verhalten für $x \to \infty$.

Untersuchen Sie, wo es sinnvoll erscheint, das Verhalten auch für $x \to -\infty$.

Trigonometrische Funktion: $g_1(x) = \sin(x)$; $D_{g_1} = \mathbb{R}$

Exponentialfunktion: $g_2(x) = 2^x$; $D_{g_2} = \mathbb{R}$

Wurzelfunktion: $g_3(x) = \sqrt{x}$; $D_{g_3} = \mathbb{R}_0^+$

Logarithmusfunktion: $g_4(x) = \ln x$; $D_{g_4} = \mathbb{R}^+$

Aufgaben

1. x-Achse als Asymptote

Geben Sie mindestens zwei Funktionsterme unterschiedlicher Funktionstypen an, für deren Graph die x-Achse Asymptote ist.

2. Kosinusfunktion: Verhalten im Unendlichen

Untersuchen Sie das Verhalten der folgenden Funktionsterme mit $D_f = D_{f\,max}$ für betragsmäßig große x.

	Verhalten für $x \to \infty$	Verhalten für $x \to -\infty$
a) $f(x) = \cos(x)$		
b) $f(x) = x \cdot \cos(x)$		
c) $f(x) = \frac{\cos(x)}{x}$		
d) $f(x) = \cos(x) + 1$		
e) $f(x) = \cos\left(\frac{1}{x}\right)$		

Machen Sie plausibel, warum die Funktionen das jeweilige Verhalten zeigen.

3. Abstand von der Asymptote

Gegeben ist die Funktion f: $f(x) = \frac{1 - 10x^2}{5x - 2x^2}$; $D_f = \mathbb{R}\setminus\{0; 2{,}5\}$.

a) Zeigen Sie, dass 5 der Grenzwert von f(x) für $x \to \infty$ ist.

b) Vermuten Sie, welcher Grenzwert sich für $\lim\limits_{x \to \infty} (f(x) - 5)$ ergibt, und überprüfen Sie Ihre Vermutung mit dem CAS-Rechner. Erklären Sie die Bedeutung des Terms f(x) – 5 in diesem Zusammenhang.

c) Finden Sie heraus, für welche Werte von x sich der Funktionswert von f(x) vom Grenzwert um weniger als $\frac{1}{10}$ $\left(\frac{1}{100}; \frac{1}{1\,000}\right)$ unterscheidet.

4. Schnittpunkt mit der Asymptote

a) Erläutern Sie, was man unter einer Asymptote versteht.

b) Bestimmen Sie die Gleichungen der Asymptoten von $f(x) = \frac{x^2 + 3x + 1}{x(x + 2)}$; $D_f = \mathbb{R}\setminus\{-2; 0\}$.

c) Lukas behauptet: „Der Graph einer Funktion schneidet die Asymptote nie.“
Nehmen Sie zu dieser Aussage Stellung.

5. $\lim\limits_{x \to -\infty} f(x) = \lim\limits_{x \to \infty} f(-x)$

Sophie meint herausgefunden zu haben, dass man das Verhalten einer Funktion f für $x \to -\infty$ auch durch die Betrachtung des Verhaltens von f für $x \to +\infty$ ermitteln kann.
Sie hat ihre Behauptung $\lim\limits_{x \to -\infty} f(x) = \lim\limits_{x \to \infty} f(-x)$ an einigen Funktionen getestet.

a) Überprüfen Sie Sophies Behauptung anhand von drei selbst gewählten Beispielen.

b) Begründen oder widerlegen Sie Sophies Behauptung.

Arbeitsauftrag

Sie haben bereits bei trigonometrischen Funktionen die Auswirkungen von Parametern auf den Graphen untersucht. In diesem Abschnitt werden Sie diese Erkenntnisse auf beliebige Funktionen verallgemeinern. Mit dem CAS können Sie die Graphen für verschiedene Parameterwerte schnell und übersichtlich darstellen.

Gegeben ist die Funktion f: $f(x) = x^3 - x$; $D_f = \mathbb{R}$. Der Graph der Funktion ist in den Koordinatensystemen eingezeichnet. Untersuchen Sie den Einfluss der Parameter a, b, c und d, indem Sie jeweils für zwei selbst gewählte Parameterwerte die zugehörigen Funktionsgraphen skizzieren. Geben Sie dazu die Auswirkungen auf den Funktionsgraphen an.

$f(x) + a$; $a \in \mathbb{R}$

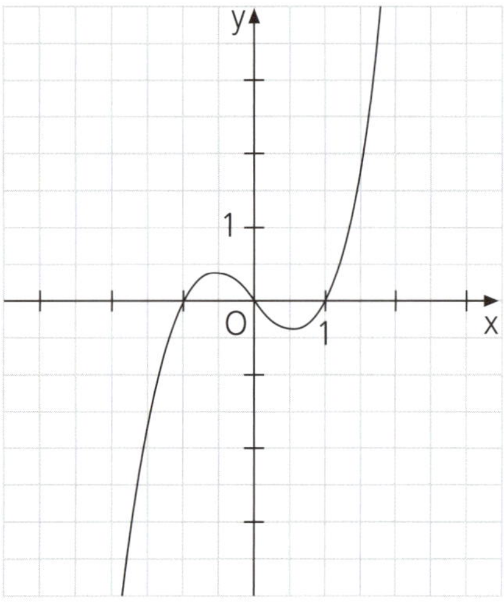

$f(x + b)$; $b \in \mathbb{R}$

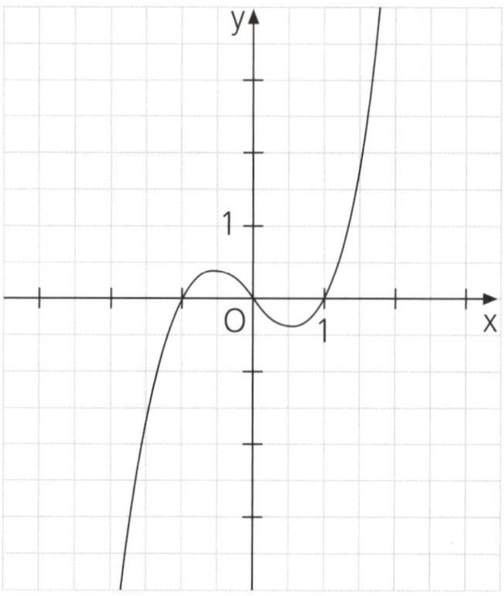

$c \cdot f(x)$; $c \in \mathbb{R}^+$

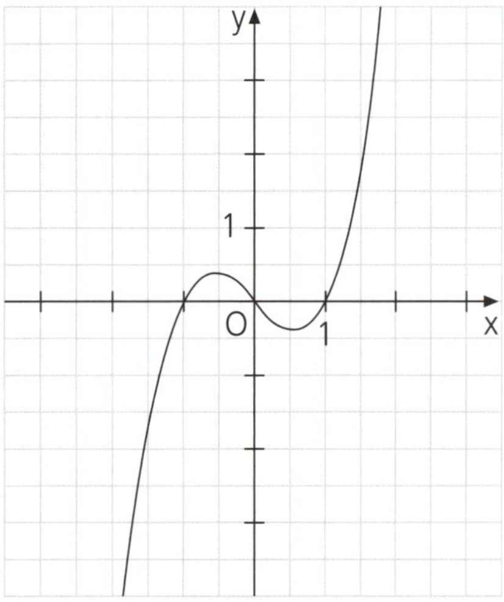

$f(d \cdot x)$; $d \in \mathbb{R}^+$

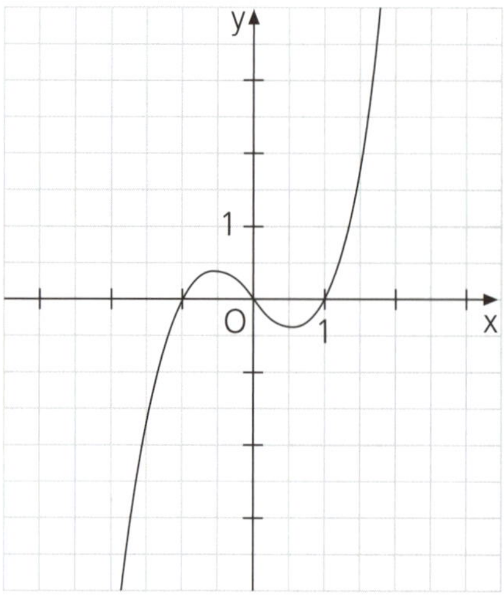

Aufgaben

1. Negative Parameterwerte c und d

Im Arbeitsauftrag wurden bei den Parametern c und d positive reelle Werte vorausgesetzt. Beschreiben Sie die Auswirkungen negativer Parameterwerte c und d auf den Funktionsgraphen.

2. Einfluss von Parametern auf eine lineare Funktion

Gegeben ist die lineare Funktion f: $f(x) = 2x - 2$; $D_f = \mathbb{R}$. Formulieren Sie, wie sich die Parameteränderung in folgenden Fällen auf die Gerade G_f auswirkt ($b, c, d \in \mathbb{R}^+$).

a) $g(x) = c \cdot f(x)$; c wird größer b) $g(x) = f(d \cdot x)$; d wird größer c) $g(x) = f(x - b)$; b wird kleiner

3. Einfluss von Parametern auf eine Exponentialfunktion

Gegeben ist die Exponentialfunktion f: $f(x) = 2 \cdot 1{,}5^x$; $D_f = \mathbb{R}$. Formulieren Sie, wie sich die Parameteränderung auf den Graphen G_f auswirkt ($b, c, d \in \mathbb{R}^+$).

a) $g(x) = c \cdot f(x)$; c wird größer b) $g(x) = f(d \cdot x)$; d wird größer c) $g(x) = f(x - b)$; b wird kleiner

4. Parameterfestlegung durch Graphenpunkte

Bestimmen Sie für die folgenden Funktionen geeignete Parameterwerte.

a) $f_a(x) = x^2 + a$; $D_{f_a} = \mathbb{R}$; $a \in \mathbb{R}$;
Der Punkt $(-2 \mid -5)$ liegt auf G_f.

b) $f_{a,\,b}(x) = ax^2 + b$; $D_{f_{a,b}} = \mathbb{R}$; $a, b \in \mathbb{R}$
Der Punkt $(-2 \mid -5)$ liegt auf G_f.

5. Streckung und Spiegelung durch die Parameter c und d

Gegeben ist der Term einer Funktion f mit den Parametern $c, d \in \mathbb{R}$: $f(x) = c \cdot g(d \cdot x)$.
Geben Sie Werte der Parameter an, wenn bekannt ist, …

a) … dass G_f durch Spiegelung von G_g an der x-Achse entsteht.

b) … dass G_f durch Spiegelung von G_g an der y-Achse entsteht.

c) … dass G_f durch Spiegelung von G_g am Ursprung entsteht.

d) … dass $(1 \mid 1) \in G_g$ durch Streckung auf $(1 \mid 2) \in G_f$ abgebildet wird.

e) … dass $(2 \mid 2) \in G_g$ durch Streckung auf $(12 \mid 2) \in G_f$ abgebildet wird.

6. Reihenfolge der Graphenveränderung

Auf einem Tisch liegen drei Kärtchen, die angeben, welche Operation mit der Funktion f: $f(x) = x^3$; $D_f = \mathbb{R}$ ausgeführt werden soll. Die Karten werden verdeckt gemischt und zufällig übereinander gelegt.

Der Graph wird mit dem Faktor 1,5 in x-Richtung gestreckt.	Der Graph wird um 3 LE in x-Richtung verschoben.	Der Graph wird mit dem Faktor 0,4 in y-Richtung gestaucht.

a) Berechnen Sie die Anzahl aller möglichen Kartenanordnungen.

b) Wenden Sie die Anweisungen einer beliebige Kartenanordnung auf den gegebenen Funktionsterm an.

c) Formulieren Sie eine Vermutung, ob Sie mit einer beliebigen Anordnung der Karten auf das gleiche Resultat wie in b) kommen. Prüfen Sie Ihre Vermutung.

d) Wie ändern sich die Ergebnisse der Teilaufgaben a) bis c), wenn noch das nebenstehende Kärtchen hinzugenommen wird?

Der Graph wird um −0,7 in y-Richtung verschoben.

7. Parameter und Nullstellen

Gegeben ist die Funktion f: $f(x) = -\frac{4}{5}x^5 + 5x^4 - \frac{20}{3}x^3 - 10x^2 + 24x + d$; $D_f = \mathbb{R}$; $d \in \mathbb{R}$.

a) Zeigen Sie, dass es für alle d stets eine Nullstelle von f(x) gibt.

b) Zeigen Sie, dass für d = 0 genau drei einfache Nullstellen vorliegen.

c) In der Abbildung ist der Graph von f_0 abgebildet. Zeichnen Sie in die Abbildung eine weitere x-Achse sein, sodass f genau fünf Nullstellen besitzt. Geben Sie ein d an, für welches f genau fünf Nullstellen hat.

d) Wählen Sie d so, dass f(x) eine doppelte Nullstelle besitzt (vier Möglichkeiten).

e) Geben Sie ein Intervall I für d an, sodass f genau drei Nullstellen besitzt.

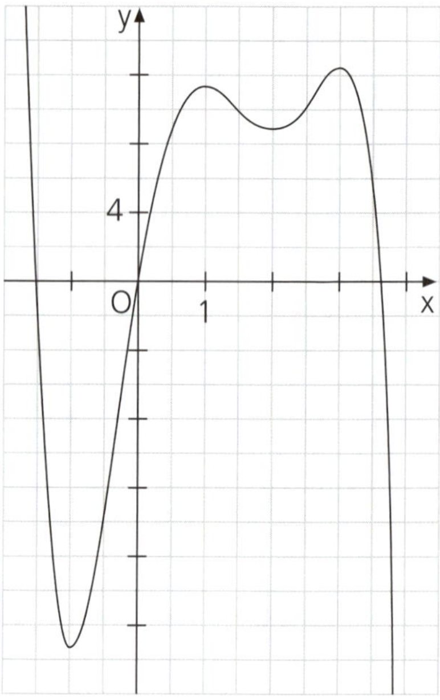

8. Optimale Basketballwürfe

Ein Basketballer wirft mit einer Abwurfgeschwindigkeit von 9,90 $\frac{m}{s}$ in 6,50 Meter Entfernung auf den Korb, der sich in 3,05 Meter Höhe befindet.

Die Flugbahn des Basketballs kann durch folgende Bahngleichung beschrieben werden:

$y = 2{,}00 + \tan\alpha \cdot x - \frac{1}{20 \cdot (\cos\alpha)^2}x^2$; (x, y in Metern; α Abwurfwinkel in Grad; $0° < \alpha < 90°$)

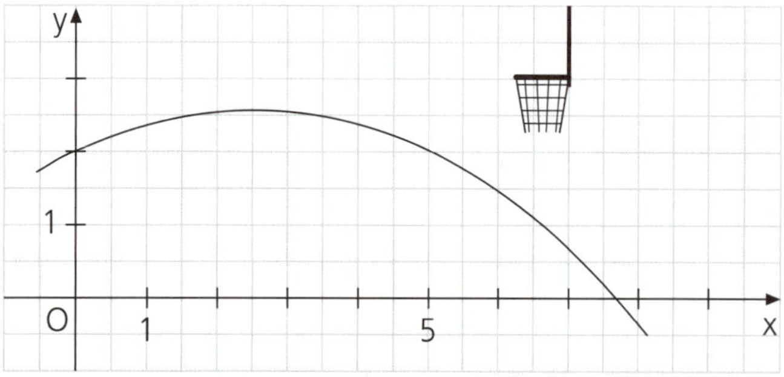

a) Bestimmen Sie die maximale Wurfweite des Basketballs.

b) Berechnen Sie die Abwurfwinkel α_K für die der Basketballer mathematisch gesehen in den Korb trifft.

Berücksichtigt man, dass der Basketballspieler den Basketball noch mit unterschiedlichen Abwurfgeschwindigkeiten v_0 werfen kann, so ergibt sich folgende Bahngleichung:

$y = 2{,}00 + \tan\alpha \cdot x - \frac{9{,}81}{2 \cdot v_0^2 \cdot (\cos\alpha)^2} \cdot x^2$.

c) Variieren Sie die Parameterwerte α und v_0 so, dass sich weitere Treffermöglichkeiten ergeben.

d) Beschreiben Sie, wie sich Änderungen von α bzw. v_0 auf den Graphen auswirken.

1. Wiederholung verschiedener Funktionstypen

a) Geben Sie den Funktionstyp an und lösen Sie jeweils die gestellte Aufgabe.

Funktionsterm	Funktionstyp	Aufgabe	Lösung
$f(x) = 2 \cdot \sin(3x)$		Bestimmen Sie die Periode.	
$f(x) = \frac{x}{x^4 - 1}$		Geben Sie die Gleichungen der senkrechten Asymptoten an.	
$f(x) = x^4 - x^2$		Geben Sie die Nullstellen und deren Vielfachheit an.	
$f(x) = 5 \cdot 3^x$		Bestimmen Sie, ab welchem x gilt: $f(x) > 100$.	
$f(x) = 2 \cdot (x - 1)^{0,5}$		Geben Sie den Definitionsbereich an.	

b) Geben Sie zu jedem Funktionstyp einen Funktionsterm an, dessen Funktionsgraph durch die Punkte $A(-1 \mid 2)$ und $B(2 \mid 8)$ verläuft.

2. Funktionsterme bestimmen

Geben Sie jeweils eine Funktion an, die die genannte Bedingung erfüllt, und plotten Sie den Funktionsgraphen.

a) Die Funktion ist nur für positive x-Werte definiert.

b) Der Funktionsgraph hat eine senkrechte Asymptote und ist symmetrisch zur y-Achse.

c) Die Funktion ist periodisch und hat keine Nullstellen.

d) Die Funktion hat eine doppelte Nullstelle und ist punktsymmetrisch zum Ursprung.

e) Die Funktion konvergiert für x gegen unendlich und schneidet die y-Achse bei 2.

Hinweis: Gilt $\lim_{x \to \infty} f(x) = a,\ a \in \mathbb{R}$, dann konvergiert die Funktion f für $x \to \infty$.

Ansonsten divergiert f für $x \to \infty$.

Selbsttest

3. Verhalten im Unendlichen

Prüfen Sie anhand mehrerer Beispiele, ob folgende Behauptungen gelten können:
Wenn für $x \to \infty$ f konvergiert und g divergiert, dann ist für $x \to \infty$ …

a) … die Summe $f(x) + g(x)$ divergent.
b) … die Summe $f(x) + g(x)$ konvergent.
c) … das Produkt $f(x) \cdot g(x)$ divergent.
d) … das Produkt $f(x) \cdot g(x)$ konvergent.

Hinweis: Gilt $\lim\limits_{x \to \infty} f(x) = a$, $a \in \mathbb{R}$, dann konvergiert die Funktion f für $x \to \infty$. Ansonsten divergiert f für $x \to \infty$.

4. Verschieben, Spiegeln und Strecken eines Funktionsgraphen

Gegeben ist die Funktion f: $f(x) = 0{,}5x - \frac{1}{x}$; $D_f = \mathbb{R}\setminus\{0\}$.

Aufgabe	Neuer Funktionsterm
Verschieben Sie den Funktionsgraphen G_f so, dass eine Asymptotengleichung $x = 5$ lautet.	$g(x) =$
Spiegeln Sie den Funktionsgraphen G_g am Ursprung.	$h(x) =$
Strecken Sie den Funktionsgraphen G_h so, dass der Schnittpunkt von G_h mit der y-Achse auf den Punkt (0 I 5) zu liegen kommt.	$k(x) =$